Coleção
Biblioteca
do Maçom

EDITORA MAÇÔNICA
A TROLHA

OCTACÍLIO SCHÜLER SOBRINHO

O DESAFIO DAS MUDANÇAS

Editora Maçônica "A TROLHA" Ltda.
Av. Maringá, 335 – Fone (43) 3327-1982 – Fax (43) 3348-0915
Cx. Postal 238 – CEP 86001-970 – Londrina – PR

Londrina, julho de 2004

Obediência: *Grande Oriente de Santa Catarina*

Coordenação Geral:	**Conselho Editorial**
1ª Edição:	**2004**
Tiragem:	**2.300 exemplares**
Preparação e Diagramação:	**Maristela Meneghetti**
Capa:	**Ulisses Ricardo Merede Candreva**
Revisão:	**Virgínia Cristina Audi Ayres**
Impressão e acabamento:	**Gráfica e Editora Artgraf**

Dados Internacionais de Catalogação na Publicação (CIP-Brasil)
CATALOGAÇÃO NA FONTE

S386d Schüler Sobrinho, Octacílio
O desafio das mudanças. / Octacílio Schüler Sobrinho. — 1ª ed. — Londrina: Ed. Maçônica "A TROLHA", 2004.
182 p.: 20,2 cm. — (Coleção Biblioteca do Maçom).

ISBN: 85-7252-184-4

1. Maçonaria - História. I. Título.

CDD 366.109
CDU 061.236.6

Índice para catálogo sistemático:

1. Maçonaria - História
061.236.6 (CDU)

EDITORA MAÇÔNICA A TROLHA

EDITORA MAÇÔNICA "A TROLHA" LTDA.
Av. Maringá, 335 - Centro
86060-000 - Londrina - PR
Cx. Postal 238 - CEP 86001-970
Fone: (43) **3327-1982** - Fax: (43) **3348-0915**

Tenhamos presente:
A Maçonaria não nos pertence; somos nós que
pertencemos à Maçonaria.
Convidamos a todos os Maçons de boa vontade:
Vamos hastear no mastro de nossas consciências
o impulso liberto, igualitário e fraterno.
OSS

Sumário

Apresentação dos Editores

Ser Maçom é ser ético seja em que situação for. Ser Maçom é ter o dom da construção social. Ser Maçom é ser livre. Livre para aceitar as mudanças inexoráveis do tempo e aos processos evolutivos da humanidade e que ocorrem independentemente de seu desejo. Livre para transformar o seu modo de atuar e de sentir, e, com tudo isso, ainda permanecer pleno de realizações e esperanças.

A Maçonaria abre um leque de possibilidades aos seus Iniciados, mas quem faz a Maçonaria é o Maçom.

E foi sob a ótica da globalização mundial, do posicionamento do homem como um todo frente a tudo o que veio e virá por aí, que este extraordinário e multifacetado escritor nos presenteou com esta excelente obra, intitulada ***"O Desafio das Mudanças"****.*

Autor de vários livros e artigos, este, no entanto, é o primeiro livro do Autor Octacílio Schüler Sobrinho a ser publicado pela Editora Maçônica "A TROLHA" e isto é apenas o início de uma profícua e fértil parceria.

O grande desafio do homem atual é se adaptar a toda espécie de mudanças que se sucedem umas às outras nas mais diferentes áreas da existência. E dentro da Ordem Maçônica não poderia ser diferente; e por conhecer as coisas que afligem tanto os homens quanto a Maçonaria e seus adeptos, foi que surgiu este Livro atual e envolvente.

Os Editores

Por que este Livro?

Não devemos economizar louvores a todos os que pensam em resgatar os verdadeiros princípios e fundamentos da Aliança Maçônica. Como a história não é imanente, mas dependente do momento e da conjuntura, devemos centrar nossa análise no século XV – transição da Idade Média para a Moderna –, e transplantá-la para os primeiros anos do Terceiro Milênio, gesto e ação que manterá viva não só a lembrança, como toda a essência maçônica, brotada a partir do humanismo, perpassando pelo iluminismo, pelas diversas escolas sociológicas e, finalmente, desaguando no complexo mundo globalizado e holístico.

O sentido do longo ciclo de mudanças iniciadas no século XVIII com as Constituições de Anderson, convocando os homens justos e perfeitos, na interpretação dos sempre misteriosos e fascinantes caprichos com que esta Escola do Conhecimento brindou a humanidade, ainda não terminou e nunca terminará, pois ela é evolutiva e nunca conclusiva.

O presente livro é uma proposta para que a Maçonaria não perca o seu norte e volte ao esplendor perdido, não divagando sobre assuntos que não lhe dizem respeito, como religião, misticismo, cabalismo e metafísica. Estes assuntos estão intrínsecos na sublime Ordem, mas não fazem parte de sua construção. Contudo, louvamos os ilustres Maçons que a eles reverenciam e estudam. Seu propósito é a demonstração plural e fiel como devem ser entendidas suas didáticas e pedagogias. Como? A Maçonaria, neste nascer do século XXI, é o fruto inusitado que deve ser buscado com destemor e obstinação. Esta obra que oferecemos, cremos que possa atingir este alvo. Perdoem-nos pela momentânea falta de humildade, porquanto a vemos objetiva e realista.

Maçonaria não é um espaço e/ou uma invenção, mas sim uma construção intelectiva e cognicente comprometida com a evolução, determinação e felicidade do ontológico, isto é, o ser enquanto ser. O fato é que alguns homens, poucos mesmo, se considerarmos um quantitativo mundial a beirar os sete bilhões de habitantes, encontram domicílio, seja por opção, seja por imposição de seus egos, seja pelo enlace de propósitos, a envolverem-se numa integração anímica irradiada pela mística e simbólica conjugação de fatores que conduziram a criação da Maçonaria Especulativa e a mantém imaculada até os dias atuais. Sim, somos muito poucos no planeta Terra a operar e consubstanciar o homem com sua intrínseca evolução. Não estamos falando de evolução física ou orgânica – esta deixamos para Darwin e seus seguidores –, mas sim cognitiva.

A Maçonaria deve ser entendida na convergência do tempo e do espaço moldada numa ampla consubstanciação, talvez, fecundação.

Não vamos nos enveredar em interpretações esotéricas, em razões não consensualmente invocadas pelos Maçons espalhados pelos cinco continentes, mas sim em razões concretas, substantivas e apologéticas. Com estranha onipresença, olhos e ouvidos atentos a cada ocorrência, a cada detalhe, a cada manifestação, a cada decisão, vemo-nos possuídos de revelar como foi levada a termo a grande empreitada de nossa história, iniciada, como já foi dito, no século XVIII e, como conhecimento, transformou-se em Escola, numa abrangência a plasmar a todos e a tudo.

A reconstrução que ora fazemos está calcada na demanda e tenaz análise de observação e analogia de ordem macro – procuramos e preocupamo-nos –, numa precisa e preciosa posição que sugere que estes pensamentos inspiram os Maçons de hoje a reverem os postulados da construção maçônica que, a partir do término do primeiro quartel do século XX, desviaram-se compelidos pelo momento político ditatorial que povoou a maioria dos países, aliada às guerras que sucederam umas às outras. Foram poucos os períodos, inelásticos mesmos, onde a liberdade, na sua conversão democrática, brilhou nos céus das nações.

Por outro lado, não basta a erudição dos que escrevem e proclamam os verdadeiros ensinamentos maçônicos, pois só um alto e entranhado sentimento, diremos uma grande paixão, irá permitir que todos, a uma só voz, em uníssono, aceitem o grande desafio de mudar. Na mudança podemos restabelecer os princípios, fundamentos e a essência maçônica, trinômio que iremos repetir várias vezes neste livro, mas que está perdido, não só na memória dos Maçons, como também na liturgia e nos Ritos. Devemos retroceder e sondar setenta anos, na precisão de resgatar as infatigáveis minudências e desencadear metodologias que nos levem a reconstruir, claramente, em tópicos, toda a portentosa obra e ação que cérebros e mãos de titãs procuraram subverter e desconfigurar.

A Maçonaria hodierna está subvertida e desconfigurada.

Temos claro que a Maçonaria, principalmente no Brasil, enveredou por caminhos obscuros e inflados a partir da década de vinte do século passado. Mas esta constatação não se centrou somente na terra de Santa Cruz, mas na quase totalidade das nações que incubaram a Aliança Maçônica. Daquela data em diante assistimos vicissitudes, mazelas e heroísmos desconfigurados, em que Maçons trocavam alianças com ditadores e sanguinários, desprezando figuras exponenciais da própria Ordem que procuravam, nas formas e na tangibilidade, manter o que estava incubado nos sonhos e na consciência do realismo nacional e internacional.

A estes heróis que não são muitos, reclamamos, no iniciar deste livro, monumentos, pois é no bronze que se manifesta e materializa o reconhecimento dos povos. Por outro lado, desgraçadas são as nações e as sociedades; desgraçados são os povos que necessitam de heróis.

Estas divagações são apenas um convite à leitura, remetendo o leitor a surpresas da seqüência, invocando algumas páginas que mais ardentemente registram períodos e posições vividas entre batalhas, lodos e queiramos ressurgir em flores.

É lamentável e curioso que o tempo, na maioria das vezes, ou, senão, todas as vezes, reduz um fato a simples e singular referência e, a partir dele, surgem interpretações das mais desencontradas, algumas altruístas, outras messiânicas e, ainda, diversas de cunho ideológico. Acontecimentos fundamentais são reduzidos a episódios menores e estes se elevam a interpretações errôneas.

Assim se faz e se conta a história que é contada pelos vencedores.

O tempo, este inexorável destruidor da memória dos povos, das nações, das instituições e institutos sociais, traz consigo a exaltação, nos registros que mostram a evolução da humanidade, num bem ordenado, montado, caprichoso mistério, envolto no abstrato, fatos e atos que se passaram tão de leve quais sombras de nuvens que cobrem os vales, as planícies e os montes.

Por esta razão, ao receber o pedido da Editora "A TROLHA" para escrever o presente livro – **O DESAFIO DAS MUDANÇAS** –, julgamos e desejamos necessário mesmo, não nos fixar em acontecimentos passados, mas interpretá-los segundo o momento e a conjuntura deste florescer do terceiro milênio.

Existem e persistem interpretações não fundamentadas quanto à Maçonaria. Uns a reduziram a uma religião singular, outros a um partido político, terceiros a quimeras mil com forte dose esotérica, cabalística, mística e até mesmo metafísica. Nada disso! Maçonaria é uma ESCOLA DO CONHECIMENTO e nada mais. Não é, nunca foi e nunca será religião. Não é, nunca foi e nunca será um partido político. Não é, nunca foi e nunca será uma instituição econômico-financeira.

Maçonaria é PODER em dimensões legais, éticas e morais sustentáveis.

É indispensável não querer reinventar a roda, mas

procurar nos acontecimentos a sua essência, com meridiana clareza traduzir certas lucubrações mentais dando-lhes suporte claro e objetivo. Não devemos cair nas armadilhas do tempo e dificultar o entendimento do que é verdade e pureza; do que é inverdade e jaça, ou seja, cinza. Os primeiros Maçons não foram Adão e Eva e nem Cristo veio ao mundo para implantar e implementar a Maçonaria. Cristo, com sua mensagem e seus ensinamentos, criou a Igreja Cristã. Adão e Eva são criações primárias e lendárias.

A verdade, a única verdade, é que a Maçonaria Especulativa – designação atual –, é produto da Maçonaria Operativa e nada mais. É uma sociedade de construtores. Convidamo-los para que juntos possamos rever este episódio lindo. É o Poema Régius, não na sua forma original, na sua tradução literal, mas na forma de painel, por nós pintado. Como não somos bons pintores, nos valeremos das Constituições da Arte e da Geometria, segundo Euclides, que nos ensina *"que aquele que deseja boa leitura e que busca conhecimento pode encontrar num velho livro escrito sobre grandes senhores e gentis damas que tinham muitos filhos e estes eram muito sábios, mas, infelizmente, não dispunham, os pais, de renda para mantê-los. Não havia emprego nas cidades, nem nos campos ou nos bosques. O que fazer? Reuniramse em Conselho para decidir, em benefício de seus filhos, como eles poderiam melhor ganhar a vida, sem grande desconforto, cuidado ou angústia, e sem contar a multidão de outros filhos que viriam depois deles virarem cinzas".*

Procuraram grandes clérigos – recorda-se que a Igreja exercia potestade, tanto espiritual como material – *para que estes ensinassem bons ofícios aos seus filhos, dizendo: "Nós lhes rogamos, por amor a Nosso Senhor, que nossos filhos façam bons trabalhos de forma a bem poderem ganhar a vida com facilidade, e também com toda a honestidade e segurança.*

Nessa época, graças à boa geometria, este honesto ofício era a boa Maçonaria e foi organizado, elaborado, com a metodologia conhecida e concebida pelos clérigos reunidos.

Em virtude das súplicas dos pais conceberam a geometria dando-lhe o nome de Maçonaria, para fazer o mais honesto dos ofícios.

Assim, os filhos dos grandes senhores e das gentis damas foram aos clérigos para aprender o ofício da geometria, no qual eles se mostraram plenos de cuidados neste difícil e ardoroso aprendizado.

Em virtude da súplica dos pais – grandes senhores –, *bem como das mães* – gentis damas –, *os filhos foram introduzidos nesse ofício honesto. Aquele que melhor aprendesse e se mostrasse competente era promovido, pela habilidade, a companheiro. Caso nesse ofício ele se superasse, teria mais direito à honra do que os demais.*

Um desses grandes clérigos, o maior deles, era Euclides. Seu nome se difundiu amplamente na Europa e no Oriente. Além disso, esse grande clérigo ordenou ainda que aquele que estivesse num grau mais elevado – Companheiro – *deveria instruir o que menos soubesse* – Aprendiz – *para o aperfeiçoar nesse honesto ofício. Assim, mutuamente, eles devem se instruir e se amarem como irmãos,* enfatizava.

Além disso, ordenou ele ainda, que o mais adiantado fosse chamado de Mestre. Para que ele fosse o mais honrado, assim deveria ser chamado. Todavia, um Maçom jamais deveria chamar a atenção de seu Irmão, quanto ao ofício, diante dos demais, como também não poderia chamar de servo ou servidor, mas sim de meu caro Irmão.

Mesmo não sendo ele tão perfeito como o outro, cada um, por amor, deveria chamar o mais hábil de Companheiro, já que são nascidos de nobre estirpe.

O ofício da Maçonaria iniciou-se primeiro quando o clérigo Euclides, em sua infinita sabedoria, instituiu o ofício da geometria no Egito. No Egito, com vigor, ministrou seus ensinamentos e, após, os difundiu em várias terras, por toda parte".

Nestes versos – por nós descritos em forma redacional – iniciais do Poema Régius, afloram numerosos ensinamentos a desafiar a argúcia do pesquisador. Vamos abordar, na inicial deste livro, de maneira bastante superficial, três das questões mais importantes: 1. O momento conjuntural – sócio-econômico em que se deu a narrativa; 2. Euclides como pai da Maçonaria Operativa; 3. A origem egípcia da arte de construir, ou seja, da Arte Real, chamada de Maçonaria.

Os elementos que constituem a base sócio-econômica da situação podem ser delineados pelos versos iniciais do poema. Descrevem uma situação de crise econômico-social em que a arquitetura teria se desenvolvido para proporcionar meios de subsistência a um excedente populacional. Trata-se de um reflexo da crise européia do fim do século XIV e início do século XV ligada à Guerra dos Cem Anos e à Peste Negra, a qual teria provocado o fechamento dos grandes canteiros de obras de catedrais e o desemprego de muitos trabalhadores do setor. Por outro lado, neste mesmo século XV, Martinho Lutero provocou a primeira grande cisão na Igreja Católica Apostólica Romana, criando a Igreja Luterana, a qual teve, na sua convergência, duas matizes de ordem estrutural: acabar com as grandes catedrais urbanas e construir pequenas igrejas nos burgos, isto é, nas hoje comunidades rurais e assim fazer com que o povo não fosse à Igreja, mas sim a Igreja fosse ao povo.

Nós, pelo contrário, vemos nesses versos um reflexo da situação sócio-econômica dos séculos XI e XII, em que o progresso das técnicas agrícolas e a exploração de novas terras acarretaram o crescimento demográfico e uma corrida às cidades dos excedentes da população rural em busca de colocação nos canteiros de obras.

Esse quadro social vê nascer a Maçonaria Operativa – estamos nos referindo aos séculos XI e XII – responsável pela construção das grandes catedrais, está intimamente ligado à explosão demográfica, conseqüência da melhoria sanitária nas zonas rurais, fecundadas ao mesmo tempo pelo cessar das invasões e dos conflitos muito danosos aos camponeses, a um período climático favorável e a um progresso das práticas agrícolas, a partir de novas tecnologias e metodologias de trabalho. O desbravamento das novas terras, que se defrontou rapidamente com fatores limitadores quais foram: terras muito difíceis de se trabalhar, insuficientemente férteis e medidas pela defesa do capital investido, não se tornavam atraentes. O excesso de população nos campos e nos bosques – lenhadores e caçadores – deveria, portanto, encontrar outras soluções estruturais. Para fazer frente à superpopulação, ao desemprego e à miséria que são os seus corolários, as soluções e diversificações a que em diferentes épocas da história se buscaram, foram as guerras de conquista, o trabalho forçado ou as frentes de trabalho. Podemos citar de forma notadamente desordenada: os templos e os grandes trabalhos dos romanos e dos incas, as grandes invasões, as guerras napoleônicas, as oficinas nacionais de 1848, os canteiros de obras e as guerras coloniais do século XIX, os trabalhos de saneamento dos Pântanos Pontinos e as guerras coloniais sob o regime fascista, as auto-estradas alemãs e a guerra de expansão pelo Lebensraum dos nazistas.

Foram nestes cenários que se multiplicaram as populações que, a cada geração, demandavam construções de habitações e a atividade artesanal e o comércio eram ativos. Mas isso não teria sido suficiente para todos os trabalhadores em busca de empregos se não tivessem sido abertos grandes canteiros públicos de obras que foram as catedrais. O desenvolvimento das cidades e o impulso das trocas intimamente ligadas ao mesmo, criaram para os trabalhadores das construções novos mercados. Esses trabalhadores, nas cidades, organizavam-se, pouco a pouco, em agrupamento de defesa de seus interesses, privilégios e procedimentos das corporações e em associações de solidariedade trabalhadora mais ou menos secreta, dando origem à Maçonaria, como, repetimos, as associações de construtores – arquitetos, Mestres, Companheiros e Aprendizes.

Euclides, o pai da geometria, é, no texto, apresentado travestido de clérigo cristão e como pai da Maçonaria Operativa. Na medida em que a geometria era considerada uma das Sete Artes Liberais, disciplina vista como digna de ser estudada por nobres, o ofício do construtor era estigmatizado como trabalho viril próprio das classes tidas por inferiores. Tratava-se de um artifício ideológico destinado a enobrecer a profissão de arquiteto, ou seja, do Mestre. O fato de Euclides ter vivido em Alexandria, nos remete a investigar a origem egípcia da arquitetura, o que faremos em outro artigo, ou mesmo num outro livro.

Dos textos, inferem-se princípios e tradições presentes na Maçonaria Moderna, alguns como Landmarks. Por sua importância para nós, tão ávidos de conhecimentos do período Operativo, vamos rever os versos 57 a 86 do Poema Régius, que se referem aos estatutos formados por 15 artigos e mais os 15 pontos complementares a esses estatutos, pertinentes à geometria:

1º – *Seja o Mestre prestimoso, leal e verdadeiro. Mantenha-se com a retidão de um juiz. Pague aos seus Obreiros o justo e conforme as exigências da manutenção. Não ocupe nenhum Obreiro senão no que ele possa fazer e ser útil. Jamais o utilize em seu benefício próprio. Não aceite suborno de ninguém e ainda menos de patrão ou de Companheiro.*

Observe-se que, na arte de construir, pela ausência de direitos autorais, registro de patentes, legislação trabalhista, toda técnica era tida como sigilosa, secreta, e o Mestre – arquiteto – despontava como juiz, mediador e orientador.

2º – *Todo Mestre deve comparecer à Assembléia Geral, desde que convocado com razoável antecedência, salvo por motivo escusável, por doença impeditiva ou por falsa ou errada informação.*

A Assembléia Geral era convocada anualmente por um dos Mestres, chamado de Grão-Mestre. A cada ano elegiam um novo Grão-Mestre ou o reelegiam. Foi numa destas assembléias que permitiram, no século XVII, a entrada de Neófitos, ligados à literatura, arte e ciência, e não vinculados à arte de edificar. Começa aí a Maçonaria Especulativa.

3º – *O Mestre não deve admitir Aprendiz que não esteja disposto a preparar-se durante sete anos, a fim de bem aprender o ofício e tornar-se hábil.*

A habilidade, competência e o interesse, desde os tempos mais remotos, sempre foram os construtos das organizações, instituições e estados. De competência nasce a construção cognitiva, isto é, intelectual que leva ao conhecimento.

4º – *O Mestre não deve admitir Aprendiz sujeito à servidão, para que o seu senhor não venha a reclamá-lo quando quiser. Deve o Mestre procurar Aprendiz de boa, livre e honrada estirpe, ou pertencente à nobreza.*

Lembremo-nos que à época existiam somente duas classes: os nobres e os plebeus, ou os reais e os escravos. Foi na mediana da Idade Média que surgiram os aceitos que eram os bons artesãos – carpinteiros, marceneiros, ferreiros, celeiros, etc., artistas e construtores originários dos servos da gleba que eram levados para dentro da área dos castelos.

5º – *Que seja o Aprendiz de legítima filiação. Seja ele válido e hígido, por não convir ao ofício um aleijado, um coxo, um mutilado ou um homem fisicamente imperfeito, diante de uma profissão destinada a criaturas fortes.*

Não admitiam, como não empregavam ninguém que tivesse qualquer tipo de defeito físico ou mental. A discriminação e o preconceito eram no todo exercidos, embora a falta de instrumental técnico e metodológico impunha essa prática.

6º – *O Mestre não deve causar qualquer prejuízo ao senhor (proprietário da obra), do qual nada poderá tirar para o Aprendiz, nem mesmo o que receber em nome dos Companheiros, visto que esses são de maior habilidade. Nem seria razoável que Aprendiz recebesse pagamento igual ao dos Companheiros. Todavia pode o Mestre comunicar ao Aprendiz um aumento de salário conforme a melhoria de trabalho.*

O Senhor, proprietário da obra, era oriundo da nobreza ou dos clérigos. Como a Igreja e o Estado se justapunham, isto é, uma só entidade, o Rei era o Chefe da Igreja ou, em outras palavras, o Chefe da Igreja local era o Rei.

Toda a hierarquização hodierna é produto da hierarquia medieval.

7º – *O Mestre é proibido de auxiliar, por favor ou por medo, a ladrões, assassinos e pessoas de má reputação.*

Durante a Idade Média teve início a corrupção, o peculato, o desvio de recursos materiais e financeiros, a extorsão, enfim, os atos não lícitos, amorais e não éticos, o que é usual, lamentavelmente, na sociedade atual.

8º – *Pode o Mestre substituir o Obreiro menos habilitado por outro mais competente.*

Por esta razão, aos Aprendizes não eram confiados os segredos de construção do conhecimento dos Companheiros e destes o conhecimento dos Mestres. O conhecimento era, então, como ainda é hoje, estratificado.

9º – *Nunca se encarregue o Mestre de qualquer obra que não possa terminá-la e completá-la a tempo, com solidez e fortaleza desde os alicerces, de modo a satisfazer ao proprietário e à fraternidade.*

O Mestre, em qualquer obra, só poderia ser substituído por negligência, incapacidade e morte. Era a Assembléia anual ou extraordinariamente convocada que podia substituir o Mestre – Arquiteto – de uma determinada obra.

10º – *A nenhum Mestre é dado suplantar o outro, sob pena não inferior a dez libras, salvo se o primeiro encarregado for culpado de alguma iniqüidade.*

A Assembléia mantinha uma fiscalização severa sobre as atividades e condutas dos Mestres, não permitindo que um se imiscuísse no trabalho do outro. O desenvolvimento de novas técnicas de construção era discutido, revelado e transmitido, anualmente, durante a Assembléia. Somente no século XIV é que começaram a aparecer as escolas dos construtores.

11º – *O Mestre não deve trabalhar à noite, salvo para desenvolver o seu talento.*

O trabalho à noite, somente era permitido para estudos, ou seja, para desenvolver novas técnicas de trabalho, orientar e ensinar os Companheiros e estes aos Aprendizes.

12º – *É vedado ao Mestre desmerecer o seu Irmão, seja ele Mestre, Companheiro ou Aprendiz.*

Desmerecer significava desprezá-lo. O desprezo não só era pecado, mas também ilícito entre os homens. Antes de desmerecer um Obreiro, o Mestre o deveria dispensar do trabalho. Era o início de uma irmandade solidária e harmônica.

13º – *Ensine o Mestre o seu Companheiro e este o seu Aprendiz, bem e completamente.*

O Aprendiz somente poderia ficar como tal num período não superior a sete anos. Se não fosse promovido neste tempo, deveria o Mestre informar as razões perante a Assembléia. Aceitas as razões da não promoção, este era dispensado. O mesmo acontecia com os Companheiros, embora seu interstício correspondia no máximo de cinco anos. Desta maneira, um Aprendiz deveria chegar ao posto de Mestre, num período não superior a doze anos. Já no final do século XIII, estas promoções foram chamadas de Elevações e Exaltações e cada uma compreendia ao recebimento de novos segredos na arte de construir.

14º – *O Mestre não deve admitir Aprendiz, a não ser quando se empenhe em obras diversas, sobre as quais deverá instruí-lo.*

Não era lícito, moral e eticamente aceito, contratar alguém, na arte de construir, que fosse simplesmente servente ou tomado como escravo. Os serventes e os escravos deveriam ficar fora da obra, nas pedreiras ou nos bosques. Quando alguém era admitido como Aprendiz, como no nome indica, era para aprender a Real Arte de edificar, depois chamada de Arte Real.

15º – *Nunca se permita ao Aprendiz proferir, sustentar ou apoiar mentiras. A ninguém é dado consentimento de mentir ou jurar falsamente.*

A reserva, o cuidado com a traição; o perjuro e a quebra dos segredos de construir, eram punidos, segundo a gravidade, com penas leves e outras com a vida.

O leitor atento estará perguntando o porquê de introduzir parte do Poema Régius e sua interpretação no início deste livro – O DESAFIO DAS MUDANÇAS. A resposta é muito simples. É que neste livro pretendemos levantar a tese de que a Maçonaria, mantidos os seus princípios, fundamentos e, principalmente, a essência, deve ser ajustada ao momento e à conjuntura do Terceiro Milênio.

Mas devemos, por metodologia, continuar na análise da gênesis do lendário ofício do construtor, cujas origens, pelo que apresentamos, estariam na geometria ensinada por Euclides, o qual teria convocado uma Assembléia de Mestres do Ofício, senhores e notáveis, com o objetivo de elaborar o estatuto da Corporação que se dividia em quinze artigos – já apresentados e sinteticamente analisados – e quinze pontos complementares aos estatutos, intitulado *Manuscrito*, os quais, a seguir, apresentamos com igual comentário sintético:

1º ponto – Todo o Mestre deve amar a Deus sobre tudo. A sua Igreja e aos seus Companheiros de trabalho.

Observa-se que a exigência de amar a Deus é somente do Mestre e não dos Companheiros e dos Aprendizes.

Recordamos que, neste período, a Igreja e o Estado eram um só elemento e dirigidos por um só senhor. Não é demais recordar que estamos falando da Maçonaria Operativa.

2º ponto – Os pedreiros devem ser pagos em dia.

Quando fala em pedreiros, generaliza os Companheiros, Aprendizes e incluem os serventes. Em dia, significa que eram pagos no final de cada dia de trabalho.

3º ponto – Os Aprendizes devem manter sigilo de tudo que assimilarem dos seus Mestres e de tudo o que ouvirem e virem.

Todo o conhecimento demandava um sigilo absoluto, tido e havido como segredo. Quem revelasse qualquer segredo da arte de construir, seria considerado perjuro e desonrado perante os homens, cuja punição variava desde o corte da mão direita até a morte. Volta-se a afirmar que à época não se dispunha de direito autoral e nem de registro de patentes.

4º ponto – O Aprendiz não deve causar nenhum transtorno para o serviço que executa, para a profissão, para seu Mestre ou para seu Companheiro.

Qualquer transtorno, como falta ao trabalho, negligência, relaxamento, briga, chegada tardia, era punido com a demissão sumária do Aprendiz. Esta punição não ocorria com os Companheiros, pois estes já conheciam, parcialmente, os segredos da arte de construir.

5º ponto – O Aprendiz deve receber o salário de seu Mestre, que deve dispensá-lo antes do meio-dia se não houver serviço.

A permanência no trabalho quando este se mostrasse inexistente para uma categoria – Aprendizes ou Companheiros – poderia, pela curiosidade dos Obreiros, incentivá-los à investigação de algum segredo na arte de construir. Para que isso não acontecesse, usavam como norma a dispensa ao trabalho.

6º ponto – As desavenças entre os Aprendizes devem ser ajustadas de modo amigável, após a jornada de trabalho ou em hora de folga.

Todo o julgamento não era feito durante a jornada de trabalho, mas sim fora do horário normal deste, cujo juiz absoluto e soberano era o Mestre.

7º ponto – Um Aprendiz não deve se deitar com a mulher de um Mestre, nem com a de um Companheiro.

Vivia a sociedade, em alguns pontos, um estágio de poligamia, mas o adultério era freqüente, motivo pelo qual a proibição supra e com a penalidade não variável: morte para ambos os adúlteros.

8º ponto – Um Mestre pode nomear um Companheiro a posto de responsabilidade intermediária, entre a sua e a dos demais membros.

Este ponto remete ao que atualmente chamamos de Adjunto, Vice ou Vigilante.

9º ponto – Os Companheiros devem se servir à mesa, obter provisões e prestar contas de suas despesas.

Aos Companheiros e não aos Aprendizes era permitido sentar na Câmara do Meio, isto é, na mesa onde faziam suas refeições os Mestres, desde que tivessem provisões em alimentos ou financeiras. Contudo, só poderiam fazê-lo se devidamente convidados, prática proibida aos Aprendizes.

10º ponto – Os Companheiros não devem dar apoio aos que persistem nas faltas sob pena de serem convocados à Assembléia e dispensados.

Qualquer negligência dos Companheiros, abonando falta ao serviço, imperfeição no trabalho, era punida com suas respectivas dispensas do trabalho e não poderiam participar de nenhuma outra confraria.

11º ponto – Um pedreiro deve corrigir com amabilidade trabalhos defeituosos.

Todo Aprendiz ou Companheiro que executasse um trabalho imperfeito deveria corrigi-lo sem receber nenhuma remuneração.

12º ponto – Nas Assembléias, os Mestres, os Companheiros, os comanditários e dignitários deverão estar de acordo para fazer respeitar as leis do trabalho.

Os Aprendizes não participavam da Assembléia. Os Companheiros poderiam comparecer como observadores, mas não como participantes. Exigia-se que estivessem devidamente trajados, com suas insígnias e deveriam respeitar as normas previamente estabelecidas.

13º ponto – O pedreiro não deve roubar ou ser cúmplice de um ladrão.

Roubar significava o todo: material de construção, ferramentas e principalmente os segredos da arte de edificar.

14º ponto – Um pedreiro deve jurar fidelidade ao seu Mestre, aos demais Companheiros e ao seu Rei.

Vivíamos no período em que o Estado era Feudal, portanto dirigido por um Rei, detentor de poder temporal e espiritual.

15º ponto – Os transgressores desses Estatutos serão convocados diante de uma Assembléia. Se persistirem, na falta, serão impedidos de exercer a profissão, postos em prisão e verão seus bens confiscados.

Nada poderia afastar o Mestre, os Companheiros e os Aprendizes de seu juramento. Se o violasse, seriam mortos e perderiam as suas famílias e todos os bens conquistados.

Muito pouco sabemos da epopéia das construções que polvilharam, principalmente, a Europa dos séculos X ao XV, mas sabemos que foram nos bastidores das grandes catedrais que nasceu a Maçonaria Operativa e esta gerou a Maçonaria Especulativa no século XVIII. Robustece a nossa convicção de que os Maçons hão de ter sempre presentes que vivem numa Escola do Conhecimento imantada pelas energias que ficaram impregnadas nos alicerces, nas paredes, nas abóbadas e colunas das igrejas e dos palácios, enfim, na gigante composição simbólica e especulativa que a filosofia e a arte está a nos embeber.

O Poema Régius coloca pertinente o nosso propósito de transpor para o III Milênio, repetimos, os fundamentos e os princípios maçônicos da Maçonaria ainda tida como Operativa, pois a partir do século XVII iniciou-se a grande desarticulação entre dois princípios daquele tipo de sociedade e que, num crescente exponencial, chega aos dias atuais: o primeiro é o principio da geometria representado pela razão calculatória, instrumental-analítica, que se ocupa com as coisas, numa só palavra, com todas as conquistas científicas, em todos os campos do conhecimento, iniciando com a enxada, o arado, passando pela Revolução Industrial com suas máquinas a vapor e desaguando nos avanços da informática e das telecomunicações, permitindo que o homem desembarcasse na Lua e seu engenho esteja pesquisando Marte. A clonagem nada mais representa do que o mensurado desejo do homem se tornar, pela imortalidade, um deus. O segundo princípio é da moral, da ética que deveriam lançar seus fluidos na estética, este vinculado às pessoas e às relações sociais, numa palavra, como outro tipo de ciência que cuida da subjetividade do sentido da vida, da espiritualidade, das abstrações, e da qualidade das relações sociais.

Ambas as razões convertidas em princípios estão contidas no Poema Régius, nos quinze artigos e igual número de pontos que ficaram nas páginas anteriores e nos dão, atualmente, conta da existência. Que faríamos, no mundo globalizado, sem as ciências, ou seja, a boa geometria. Que seríamos sem a ética e os caminhos espirituais que orientam a sociologia e psicologia? A Maçonaria é a Escola do Conhecimento, instituição moderna, pois é a única que procura articular as duas razões imprescindíveis ao viver humano. Estes dois princípios, até o século XVIII, se combateram mutuamente; depois, com a interferência da Sublime Ordem buscaram convergência, mesmo na diversidade, e agora se deprecam todos os esforços, ainda que tardiamente, de salvar o humano e a integridade da natureza. O fato é que o espírito da geometria foi inflacionado; com ele foi criado o mundo dos artefatos, bons e perversos, deste a pá até a bomba de hidrogênio. O espírito de vivência nunca ganhou centralidade, por isso somos tão vazios e violentos. Este livro pretende mostrar urgência nessa fecundação para que o humano não se entredevore.

Este livro nasceu desse sobressalto que nos invade diariamente, nos deixando sonolentos sem poder adormecer. Por que então não nos apropriar desta riqueza de conhecimentos e situá-los nestes primeiros anos do século XXI? – Por isso foi necessário um pequeno intervalo, minúsculo mesmo, em que sintetizamos o Poema Régius, nesta inicial, não entrando nos seus meandros, mas sim nas suas conotações. Precisamos ter a marca de nossa missão, para que possamos apresentar nossas indagações, perseguindo a mesma diretriz expositiva que dá à análise um profundo poder de comoção.

Que este livro não sirva de consulta acabada, mas sim de discussão abalada.

Que ele inspire Mestres sensíveis às grandezas do proceder humano.

Quando nos faltar auto-estima como Maçons, lembraremos que os construtores da Maçonaria nos deixaram um legado inestimável do poder da vontade a serviço da causa alcanforada, restabelecendo a fé em nós mesmos.

Deixem que este autor se emocione com a densidade espiritual dos acontecimentos e que os Irmãos, como leitores, prossigam nas insopitáveis ilações, sempre agregando. Com este propósito, oferecemos o que nos vai à alma: dez postulados que chamamos de,

GAUDETE

Gaudete é um verbo latino no imperativo que, em português, se traduz *alegrai-vos* ou *alegrem-se*. É ao mesmo tempo alma e corpo; mensagem e alegoria.

1. O Maçom é um edificador e construtor social; indutor, fomentador de mecanismos reducionistas das patologias sociais; de elevação, mobilização e estratificação e apoio aos desvalidos sociais.
2. A Maçonaria não é religião, mas o Maçom é um religioso resplandecente renascido na ideologia da justiça e perfeição, fecundada pela trilogia liberta, igualitária e fraterna.

3. A Maçonaria não é partido político, mas o Maçom um escudeiro das causas nobres e justas que, ao entrar no Templo desarma suas paixões e traduz esse momento em advento de gozo e alegria.
4. O Maçom não mergulha em penitência e conversão, mas povoa o seu viver em ação, propulsão, dinâmica e destemor, elementos de alegria e esperança.
5. O Maçom desenvolve antífona ao entrar no Templo e a contempla com a liturgia específica do Rito e a complementa como uma seqüente, eterna gaudete.
6. A Maçonaria é uma grande convocação e só é Maçom aquele que aceita o chamado à construção na sua Iniciação, Elevação e Exaltação, no canto e no encanto gaudete.
7. O Maçom é aquele que tem no seu pensamento a suavidade da decoração de seu templo interior, matizada pelo ritmo, vibração e alegria.
8. O Maçom não vive do passado pensando no futuro. Vive o presente, como herdeiro majestoso do e de poder. Ele resgata, a todo o momento presente, a grande dívida da sociedade consigo mesma.
9. O Maçom é um investigador faminto das coisas complexas, um constante pensador do novo, dos problemas existentes e existenciais propondo soluções consistentes.
10. Esta fidelidade com os princípios e fundamentos maçônicos, significa dar ao Maçom a áurea de herói intelectualmente solidário e de conspirador cognitivamente comprometido com o progresso e desenvolvimentos dos povos.

O AUTOR

Maçonaria – uma Fábrica de Sonhos, Imagens e Símbolos

Depois de termos sustentado a necessidade de escrever POR QUE ESTE LIVRO?, devemos tecer algumas considerações sobre a produção maçônica, traduzida em sonhos, imagens e símbolos. A Maçonaria não produz bens naturais, mas sim efeitos compulsivos e bens simbólicos, os primeiros políticos e os segundos culturais. Quem produz bens naturais são os Obreiros fora do ambiente maçônico. A Teoria Maçônica já montada a partir do humanismo e complementada pelo Iluminismo indica que todo o pensar da Sublime Ordem remete a lógicas diferenciais e autonomias relativas, os domínios políticos e culturais. Este complexo emaranhado está intimamente ligado a um posicionamento impróprio, produto da sociedade acadêmica não-maçônica, ou seja, sociedade acadêmica profana, em querer insistentemente socializar a psicologia e psicolizar a sociologia. Este assunto será abordado neste capítulo e, principalmente, nos subseqüentes que irão tratar da MESOFÍSICA DA REFORMA.

Não podemos separar a política, economia e a cultura da Maçonaria.

Estes três elementos, embora tenham motores próprios, fazem parte do continente social, o qual é estudado pela sociologia. Freud resgatou um domínio próprio e criou o continente psicológico e a Maçonaria passou a ser freudiana no seu conteúdo interpretativo, tanto ritualístico como litúrgico. Suponhamos que o Maçom está pensando profundamente no sentido e na importância oníricos, das imagens e dos Símbolos da Maçonaria. Aí ele vincula o princípio freudiano. Também é freudiana a relação entre imagens e símbolos.

Não podemos entender Maçonaria sem abordar as relações sociais que são vínculos que se estabelecem entre os agentes sociais coletivos. O homem plural não existe. O que existe é o João, Pedro e José, e outros mais de seis bilhões de habitantes do planeta Terra.

A Maçonaria não é nossa, somos nós que pertencemos à Maçonaria.

Pensem e repensem os Irmãos nessa grande diferença. É Maçom aquele que tem capacidade de demandar mentalmente; aquele que é um construtor intelectual e, portanto, social. Esta prática é que iremos, em capítulo posterior, chamar de AHEDONISTA e a conceituamos como Maçonaria brotada, fecundada, crescida e desenvolvida dentro de cada Obreiro e não recebida como coisas acabadas, aceitas, finais, conclusivas e dogmáticas. Equivocam-se aqueles que afirmam que os Maçons só se encantam com coisas fáceis, conhecimentos que estão nos Rituais. Os Maçons são investigadores famintos por mistérios e procuram na ritualística e liturgia as fontes desses mistérios. Não queremos e nem podemos fazer Maçonaria em que os Maçons fiquem olhando para o relógio na ânsia de sair do Templo e partirem, qual piloto de fórmula 1, para o salão de festa da Loja, onde um dos Obreiros, como competente e atuante gourmet, desenvolve com maestria sua angelical arte de preparar o melhor dos pratos, para o deleite de todos. Esta base gastronômica é necessária? Necessária diria que não, mas importante para unir em fraternidade cada vez mais os Irmãos. O que é necessário e ao mesmo tempo importante é a opção pelo abstrato que requer toda a atenção de quem quer ser Maçom; de quem não está Maçom, mas é Maçom. Em Maçonaria, todas as idéias e todos os ideais são abertos e todas as hipóteses são válidas, porquanto elástica é a liberdade de cada Obreiro, quer em pensamentos, quer em ações.

Na escola formal do ensino fundamental, médio e superior, a pedagogia leva o aluno para o caminho único de informação e de assimilação desta informação, como coisa final e acabada. Na Sublime Ordem cada Maçom, seja Aprendiz, Companheiro ou Mestre, deve ter o seu ideário cognitivo, o seu norte para saber o que quer apreender, entender e praticar a partir de investigação, decodificação e abstração. Não é lícito ao Grão-Mestre, Venerável Mestre e Obreiro algum, roubar dos Maçons o invulgar e único prazer que lhes brinda a inteligência e a sensibilidade de compreender os ensinamentos desta grande ESCOLA DO CONHECIMENTO.

É preciso lembrar, relembrar, que a Maçonaria é feita, operacionalizada pelo processo METANÓIA que nada mais é do que aceitar o real como um sonho, uma imagem e um símbolo e partir dele para fixar as metas. Vamos capturar a essência dos sonhos, das imagens e dos símbolos e provocar e povoar as nossas Sessões Econômicas, Magnas, Especiais e Públicas de uma bem ordenada sensação lírica, fluida, sublimada, colorida, cheirosa do nosso consciente.

Já insistimos e continuamos insistindo que Maçonaria é uma fábrica dos sonhos e a cada dia sentimos que esta afirmação é no todo verdadeira e pura. Como ESCOLA DO CONHECIMENTO, tudo nela está para ser inventado, descoberto e desenvolvido. A Loja nada mais é que um grande laboratório onde devem bailar os sentimentos, tendo como carro chefe predominante as emoções. No mundo não-maçônico, mundo holístico, globalizado, rude, feio, patológico, cinzento, inflado de dor, de ironia e violento, tudo se baseia em cálculos, estatísticas, teoremas; tudo é negócio, é dinheiro e, pior, tudo apodrece, dissolve, fragmenta e cheira a ocre.

O que é necessário, impositivo, é que o Maçom deve saber o que está fazendo. Em Maçonaria há tudo que aprender e tudo há de ser apreendido. Em paradoxo: em Maçonaria há pouco a ser ensinado, isto porque há necessidade de que o Obreiro entenda que ele é o professor que procura e provoca o seu autoconhecimento, o que, em livros anteriores, chamamos de AUTOPOIÉSIS. Este é o processo AHEDONISTA que em termos gordos quer dizer:

Você, meu Irmão, é capaz; vá em frente!

Mas como fazê-lo? É só buscar sensações, manter a mente atenta e o espírito aberto. Vamos explicar melhor e sejamos mais didáticos. As obras dos Maçons não são feitas para serem decodificadas, unicamente, através dos caminhos da reflexão, mas por meio e com a ajuda importantíssima da intuição, que não é outra coisa que a mente e o coração trabalhando em conjunto, ou seja, deixar a razão envolver-se com as emoções.

Quem vai com a menor quantidade de pré-julgamentos à Loja sempre será o mais apto a se sentir envolto nos universos que a Maçonaria se lhe apresenta. Assim, quem melhor aprecia a obra maçônica? Não são aqueles que ficam concentrados nos detalhes ritualísticos e litúrgicos como se partícipes de um festival ou de uma celebração cabalística e esotérica, onde 10 atores – aqueles que têm cargo em Loja – apresentam um espetáculo que julgam inexistente e inacabado. Quem melhor aprecia a obra maçônica são aqueles que compreendem o alto sentido da Sublime Ordem, onde o "*Oscar*" é e representa uma Maçonaria diferente e singular, pois sentida e reconhecida pelo seu alto valor filosófico e sociológico, como se fosse, para usar uma metáfora, o reconhecimento matemático das centenas de investidores que controlam um determinado negócio e que é inacabado.

Além disso, os ensinamentos dessa fantástica ESCOLA DO CONHECIMENTO não se findam na limitação, mas se engrandecem na ampliação do conhecimento, rejeitando qualquer tipo de idolatria.

Novamente devemos explicar, repetindo: não devemos fomentar uma Maçonaria gerada, nascida e desenvolvida pelos dirigentes, mas sim uma Maçonaria desenvolvida pelos Obreiros, pelos construtores, estes pedreiros Aprendizes, Companheiros e Mestres.

Confessamos que estamos sendo, por nossa consciência e cognição, forçados a realizar tantas mudanças que ao final nos custa senti-las como algo nosso e acabado. Que bom que em Maçonaria nada é nosso e nada está acabado.

O Maçom é gênio. Todos os Irmãos são gênios. Se não fossem gênios não poderiam ser Maçons. Assim pensamos porque ele é o ser que procura estar mais próximo da perfeição. As suas obras e as suas ações crescem sem horizontes com o passar do tempo, como também acontece com os anjos. E todos nós Maçons, como atores, devemos descer do palco e ir sentar na nave, como se fôssemos espectadores inexperientes, porque é impossível apreñder tudo o que a Maçonaria nos ensina. Ela, a Maçonaria, envolvendo os Maçons, forma uma arte inimitável que chamamos de real – Arte Real.

Nos trabalhos da Arte Real os personagens se convertem espontaneamente em atores.

Como chamaria esse processo: possessão ou transformação, que nada mais é do que autocriação e actorialização? Isto significa que o Maçom pode dar, para um determinado fato, a explicação que mais lhe agrade, desde que acredite que estas mutações são reflexos justificados dos princípios e fundamentos maçônicos. Preferimos não explicar este fenômeno, reservando e deixando este direito para que cada um dos Irmãos se veja transformado em ator. Que bom teatralizar a informação, pois ela se transforma em compreensão. Fazer teatro é informar didaticamente.

Falamos agora das obsessões que a proposta O DESAFIO DAS MUDANÇAS vai gerar. Pensávamos, a princípio, que eram portas multidimensionais que nos levariam a universos desconhecidos. As cortinas sempre se abrem para revelar um mistério, tal como utilizam os escritores para revelar os seus encantos, mistérios e sonhos e, por que não, suas obsessões. Maçonaria é um filme muito poderoso que engatilha algo inexplicável no mais profundo de nossos sentimentos, como se fossem películas espirituais, cujas influências alcançam todos os que um dia foram Iniciados; é como a eletricidade que nem os engenheiros e os cientistas conseguiram entendê-la completamente; é força, energia, luz, beleza, por vezes perigosa; é o fogo moderno. De fato, ainda carregamos a frustração de ver a Maçonaria desabitada em muitos países, estados, em muitas sociedades e comunidades onde poderia desaguar a sua divina comédia liberta, igualitária e fraterna como pilha elétrica carregada de energia e encanto.

O Maçom hasteia no mastro de sua consciência, a Liberdade, a Igualdade e a Fraternidade.

De onde tiramos estas idéias? As idéias são formas que provêm das imagens, dos símbolos, das vontades, dos desejos e das aspirações estéticas. O que o Maçom deve fazer para praticar a Arte Real é se instalar na poltrona favorita, ficar calado, com o consciente focalizado, com toda a atenção, nos desejos à espera da contagem regressiva para poder realizar o mais sublime de seus sonhos. Assim nascem as produções cognitivas e intelectuais em geral. Esperamos ver todos os Irmãos sentados, longas horas, em suas poltronas de couro negro e cair em sono profundo viabilizando os seus sonhos, suas imagens e seus símbolos, com isto exercendo a real arte para visualizar, em si, o seu próximo acordar, construindo o grande projeto de compreensão freudiana desta fantástica ESCOLA DO CONHECIMENTO.

Mas, em outro livro, não foi dito que Maçonaria é poder? Sim, Maçonaria é só poder. Sem poder não existe Maçonaria. Ela está situada longe da glosa semiológica, e também de um discurso descritivo técnico sobre o poder, pois o todo é poder que tem a capacidade de produzir um poder sobre o inconsciente que é referencial ou, simplesmente, documental, na expressão política, e ideológica, econômica e financeira, cultural no sentido amplo e específico quanto aos sonhos, imagens e símbolos, pois estes últimos também são fontes do poder.

Os sonhos, imagens e símbolos são os núcleos da estética maçônica, na sua ampla irradiação. Quanto às imagens, elas são voltadas às lendas e se inscrevem como marco benjaminiano onde o presente reconhece sua origem, sua evolução e, assim, sua dívida com o passado. Em similitude, Maçonaria hodierna está fragmentada porque insiste em não voltar à repetição e querer, mas não poder, evitar sua origem operativa. Quer, outrossim, que a origem operativa seja, única e exclusivamente, um marco histórico. Trata-se, portanto, de um erro reitor, de um engano desgraçado, pois reside na MAÇONARIA OPERATIVA o que foi perdido e esquecido – o belo, o significativo e o significante. Como produzir imagens e interpretar os Símbolos, sem reparar o dano onde e quando ele foi feito ou, pelo menos, que a visão ferida pretérita não se limite a ser uma advertência para o futuro, mas uma forma de fazer presente o passado com dimensão intelectual e sensível para o presente?

É disto que O DESAFIO DAS MUDANÇAS está falando, de encontrar um ponto em que a história da gênesis maçônica seja relembrada no esplendor em que foi concebida, mas mantendo seus princípios e fundamentos, expressos nas artes – pelo barroco e pelo gótico – e agora, na fase especulativa traduzida em aprendizagem, exercendo a capacidade de manter a repetição porque a realidade do mundo globalizado é outra e, como seu poder está comprometido com todas as patologias sociais da sociedade holística e globalizada, leque infindo de sinistros, discriminações, racismos e toda a seqüela de diferenciações.

No centro das esperanças e da sensibilidade da ética moderna, está a convicção de que a verdadeira Maçonaria pode ser, a curto espaço de tempo, o centro gravitacional de toda a humanidade, isto porque as imagens de justiça e perfeição, de liberdade e de igualdade, interpelam e ao mesmo tempo interpretam esta crença, fortalecendo-a seqüente e exponencialmente. Por outro lado e ao mesmo tempo, as recorrências ao longo dos séculos XVIII até os dias atuais, dão razão a quem não acredita neste verdadeiro milagre, apostando mais e além da condenação, assinalando a prevalência do vício e a ignorância sobre a justiça e a perfeição, como a forma última, e até hoje inevitável, dos enfrentamentos sociais.

O desafio é colocar o vício e a ignorância à condenação em uma esfera moral que toca de forma muito débil a esfera das decisões políticas. E, não obstante, apesar desta desvantagem frente ao moral que se repete, sustentar a condenação do vício e da ignorância implica, em primeiro lugar, colocar o sofrimento como limite constantemente transgredido que, por isto mesmo, deve ser custodiado e traçado cada vez que se apaga. Por isso, não propomos a reflexão sobre as causas dos vícios e da ignorância, mas sobre suas conseqüências.

As imagens de elevação que se vêm sustentadas nas abóbadas dos Templos são provas sobre cuja fortaleza este livro fala extensamente. Desde a perspectiva da sociedade do espetáculo, banalizado mesmo dentro da Maçonaria por alguns Ritos, para não mencionar Ritos emblemáticos, se sustenta que a repetição das imagens se constitui somente para neutralizá-las em um fluxo que as torna mui rapidamente invisíveis.

Esta crítica à tática dos meios e do emprego de sonhos, imagens e Símbolos na Maçonaria, que descreve sua circulação não voltada ao poder, se estende até colocar em questão o impacto que elas – as imagens – têm sobre quem as observa. Avançando por um fio de navalha estreito, por isto mesmo, intelectualmente, exigente, já que evita a facilidade de dizer que tudo é simulacro, imagem em abismo, cancelamento do referente, segundo o pensar popular. O Maçom, estudioso dos impactos que os sonhos, as imagens e os símbolos do belo, harmonioso e rítmico têm realmente: a insistência de olhá-las prova seu valor e poder simbólico e sua eficácia, tanto como o descanso e a sublimação por havê-las visto em demasia.

Quando se difundiram as primeiras imagens do simbolismo maçônico, muitos Maçons não puderam se reconhecer nelas, como a instituição que havia produzido este verdadeiro milagre. As imagens maçônicas, traduzidas em Símbolos, parecem toleráveis e parentes, precisamente, porque eram novas e traziam uma prova do que havia sido a transposição da Maçonaria Operativa em Especulativa. Porém, depois que estas imagens circularam extensamente, conservando a potencialidade para transmitir aquilo que havia sucedido, tanto que, na segunda metade do século XX, se converteram no tipo universal das imagens de exaltação, naquelas a respeito das quais se realizariam e se observariam todas as imagens que viriam depois. Mais recentemente, as ornamentações dos Templos, para perderem sua densidade semântica, senão que, com o passar das décadas, foram investidas e revestidas de princípios representativos que as colocaram como modelos interpretativos da conduta moral e ética humana.

Devemos, neste momento em que propomos um

DESAFIO DAS MUDANÇAS, examinar a relação entre o desgaste da imagem e a conservação do seu significado. Estudamos, levantamos hipóteses e concluímos que, a partir da inevitável trivialização, a repetição nas Sessões Econômicas, Magnas, Especiais e outras, passa a fazer parte do conhecimento maçônico comum que fortalece a idéia e a referência que estas imagens captam, mas não esgotam, o CONHECIMENTO MAÇÔNICO. Contudo, o significado das imagens está bem longe de ser incontroverso.

Maçonaria é uma Escola do Conhecimento.

Precisamente, pelo simples fato de que se possa discutir o teor de verdade das imagens, indica seu potencial significativo. Por isto mesmo, por ocasião das novas interpretações a respeito da Maçonaria nos últimos anos, os dignitários maçônicos estabeleceram estratégias detalhadas daquilo que deve se mostrar para o Aprendiz, Companheiro, Mestre e Mestre Instalado; o que deve ser mostrado para o público não-Maçom, uma vez que, com o avanço da tecnologia e metodologia, todas as comunicações têm traços de virtual; a presença de livros em bibliotecas públicas é um docudrama que atinge o real de que a Maçonaria não pode escapar e que coloca seus sonhos, suas imagens e Símbolos ao dispor de todos os leitores e espectadores.

Discutiremos outro aspecto do problema da exibição da Arte Real: por um lado está o endurecimento crítico da posição do espectador Maçom, este que pede mais e mais forte, maior acumulação de conhecimento; por outro lado está a desmesura do sigilo maçônico que não deve ser mostrado, mas pela literatura disponível ele é visto, compreendido, analisado e interpretado, aproximando-se, pela curiosidade e exploração, de uma experiência que todos desejam desvendar. Os Templos que ornam as capas, as páginas das revistas e na internet são sublimes e este caráter de investigação provém de uma longa tradição, onde os Templos e os objetos e utensílios de trabalho maçônico têm sido objeto de contemplação estética e de meditação sobre o infinito que transcende o que simbolizam, remetendo esta interpretação a um passado distante. A imagem e o simbolismo destes cenários enfrentam todos os perigos da estetização, mas registrá-los e interpretá-los sem um conhecimento significante é como captá-los como se fossem instantâneos casuais, como, as fotos, se mostradas nos meios de comunicação falados, televisados e escritos. Grandes maçonólogos são menos sutis do que Aprendizes recém-Iniciados na interpretação dessas imagens e Símbolos, o que não garante, automaticamente, o respeito pela realidade do sonho e a tradução do fato, em um conhecimento mais exato.

As imagens não podem prescindir de uma tradição estética. Pelo contrário, à discussão sobre a representação visual confluíram argumentos estéticos e morais. A Maçonaria não pode e não quer abandonar esta confluência que lhe parece decisiva para impor o seu poder. Por isso, as imagens maçônicas, que não aspiram a precisão referencial, embora conservem a intensidade da cólera diante do desastre que a Sublime Ordem e seus títulos – longe da literalidade de uma epígrafe –, são fragmentos de uma meditação sobre esta loucura inevitável. As densidades estéticas das gravuras e dos Símbolos Maçônicos estão na raiz de sua resistência e renovam a força de uma invectiva em cada interpretação. São extremos prematuramente alcançados, e para a Maçonaria O DESAFIO DAS MUDANÇAS, assumem discussão a representação do que alguma vez se passou como irrepresentável.

Sim, somos feitos da mesma matéria de que são feitos os sonhos.

Isto nos ensinou o grande poeta Shakespeare. O sonho sempre foi o indutor maior de um povo, de sua construção cognitiva e é, portanto, ponto central em que se apóiam todos aqueles que desejam ser Maçom, uma vez que é, ao mesmo tempo, marco de partida e chegada. O Maçom não só tem o direito, mas é possuído de ter as vontades e desejos de sonhar permanentemente, considerando que o sonho nunca traz, em si, qualquer aspecto de negatividade.

O sonho é tradução de felicidade, contentamento, sublimação, ternura, doçura e encantamento. Ninguém sonha em ser infeliz, em morrer. O direito de sonhar é um direito intrínseco de nossa felicidade, expressão maior de todos os homens. Só quem sonha enxerga a realidade, pois o sonho é realidade. O sonho é o real em movimento e alimento d'alma. Quem não sonha não vive, vegeta. Quem não sonha não é feliz e não sente a realidade.

O direito de sonhar está calcado na igualdade e não no ciúme; na igualdade de poder ir e vir; de sentir e participar; de ter a propriedade e uma família; de ser independente econômica, financeira, moral e eticamente; de criar biológica, intelectual e artisticamente.

Este é o sonho que deve ser sonhado por todo Maçom: é mudar, mudando.

Falamos que a cultura é a produção de bens simbólicos e nela incluímos os sonhos, que exigem, cada dia mais, a cada dia que passa, ações múltiplas e diferenciadas, complexas e inacabadas, como se fossem dinossauros a nos desafiar a cada momento, em que as forças sociais são as próprias motrizes das mudanças sociais, fecundadas por seus conflitos e por suas utopias. A grande mudança de hoje é que as formas de mudar mudaram.

Mas há muitas dificuldades que devem ser sonhadas para que sejam vencidas e ultrapassadas. É mais inquietante saber que é possível vencer as barreiras do que pensar que jamais será possível transpô-las. É mais fácil dizer que algo não é possível do que dizer sim, é possível, mas depende de um grande esforço, dedicação e talento para tornar esse algo possível. A Maçonaria deve ser referência, paradigma mesmo, para o mundo, pela forma de pensar, agir, criar e desenvolver, gerando, progredindo e alavancando este enorme mercado dos sonhos. Isto tudo nos leva a uma Maçonaria de sucesso radical.

Sucesso radical, na Maçonaria? Sim, a Maçonaria está atenta a sua própria história, a que supera os obstáculos endógenos e exógenos de qualquer natureza; que procura o crescimento quantitativo e qualitativo e que se renda a uma explosão radical. A idéia e a ação radical implicam em radicalizar, ou seja, quebrar as regras e os paradigmas já estabelecidos, redefinindo a prática de atuação maçônica.

As Potências Maçônicas, desde que sejam independentes e autônomas, é que lideram a função de radicalização e seus departamentos administrativos são minúsculos, comparados às suas produções e estão ligados a Maçons apaixonados a um plano de valorização, diria marketing mesmo, baseado na comunicação direta com todos os integrantes da Potência e Potências regulares, usando a comunicação e o conhecimento de maneira extremamente seletiva. No lugar de Lojas austeras, escuras e lúgubres, surgem ambientes descontraídos, tudo feito para motivar.

Essas estratégias são interessantes nas instituições

maçônicas, mas a motivação tem de partir de dentro dos Obreiros, caso contrário são só mais um modismo. Com a premissa de que Maçons felizes fazem uma Maçonaria feliz, a participação e a produção irão aumentar em mais de 100%, em comparação aos momentos anteriores. A participação e a produção deixam os Maçons apaixonados pelo que fazem. Como fazê-lo, eis a questão: simples! Divulgar o que se pretende e saber se os Obreiros estão ou não acordes com estas mudanças. Tudo fica mais ágil e motivador. Todos decidem e fazem marketing, isto porque a Maçonaria é formada por pessoas inteligentes e preparadas para uma relação com os Irmãos, independente de Grau.

O local onde funciona a Loja, principalmente o Templo, também tem grande influência. A comunicação entre os Irmãos não pode ficar restrita à comunicação nos dias de reuniões. Ela deve ser feita por carta, telefone e, atualmente, por processos eletrônicos, de maneira que, a cada momento, o Maçom esteja sentindo pulsar dentro de si a Maçonaria. Neste momento reacende a filosofia, sociologia, desembarca a mobilidade e fixa a estratificação. Além disso, as mudanças significam o fim das reuniões administrativas que não levam a nada, mas sim reuniões de trabalho onde são trocadas idéias entre dirigentes e Obreiros.

O mérito dessa tendência e desse modelo é o de tornar o Obreiro um produtor e não situá-lo como espectador; tornar o Obreiro em realidade e não em abstração, pois essas inflexões aumentam a responsabilidade e o comprometimento com a causa maçônica.

Sonhos, imagens e símbolos, na sua totalização, isto é, na sua soma, agregam outro valor que nada mais é do que uma *ação afirmativa*. Vejamos o que é ação afirmativa. Nada mais é do que a *terceira cultura* que deve conviver *com* e *na*

Maçonaria e, lamentavelmente, não foi mantida ou não quiseram mantê-la e absorvê-la como fonte do e de conhecimento. Ficou perdida a partir da sexta década do século XIX. O DESAFIO DAS MUDANÇAS propõe que passemos a comungá-la na feroz ânsia, procura desesperada, e a encontrar no entendimento da maior concepção estética, através da reflexão analítica que está alicerçada no pensamento político exercido na prática pela gestão e reflexão.

Confuso? Não, muito simples. Simples mesmo. Vejamos! – O conhecimento maçônico não está exaurido e os Maçons, os verdadeiros Maçons procuram, como progressistas, sempre o novo embasado no velho. Como? Procuram trazer para o III Milênio os princípios e fundamentos da Maçonaria do século XVIII em três frentes:

1. Filosófica – na procura de uma nova identidade para a Maçonaria e, por extensão, aos Maçons espalhados nos cinco continentes;
2. Sociológica – no entendimento da Maçonaria atual e, por extensão, aos Maçons do terceiro milênio desta sociedade globalizada e holística;
3. Estética – no trato de ampliar o fabuloso cânone maçônico e, por extensão, dos Maçons produtores da Arte Real pela real arte de conceber os sonhos, as imagens e os Símbolos.

A terceira cultura vai mais além. Enquanto as ciências se vêm às voltas com questões diferentes do momento e da conjuntura em que são produzidas, isto é, a ciência ou está atrasada ou adiantada, a área de humanas lida com questões eternas e nos põe em contato com o passado, vivendo o presente e projetando o futuro. Nas humanas não existe atraso ou adiantamento e assim é que todos os erros políticos que cometemos hoje têm entre suas componentes alguma falha séria de avaliação histórica e cultural. Destarte, a terceira cultura nos ensina que devemos fazer menos análise de sistemas e mais análise da conjuntura em que estamos vivendo.

Num mundo em transformação tão rápida, a Maçonaria nos ensina que aprender é mais importante do que ensinar conteúdos específicos, com o que estamos evitando o treinamento vocacional específico e lidando com a concepção de que uma educação ampla e variada, que é o ideal de toda a humanidade, gerando uma ação afirmativa com base em outra cultura, esta identificada como terceira, onde não haja hipnotização pela propaganda em que nossos cérebros são coagidos ao consumo do insignificante e não simbólico. Esta é a verdadeira pobreza que crassa a humanidade e não aquela que advém da falta de recursos financeiros. Como redimensionar? É só criar trabalho, pois a não ocupação e a falta construtiva satanizam, desumanizam a vida, impedindo a transformação da matéria e a construção da auto-realização.

Mas qual é a base desse novo tipo de educação? – É o de responder as necessidades do mercado no mundo não-maçônico e as necessidades de realização do homem dentro da Maçonaria.

Já que pretendemos em O DESAFIO DAS MUDANÇAS, criar uma Maçonaria de sucesso radical, a partir de sonhos, imagens e símbolos, iremos enumerar dez mandamentos para essa invulgar conquista chamada **MOTIVAÇÃO**

1. Levar as funções de motivação e produção ao

controle do Venerável Mestre, que deve se comprometer com essa estratégia;

2. Manter pequenas as atividades administrativas, deixando para os Obreiros a execução das tarefas que eles próprios sugerem e propõem;
3. Incentivar os Obreiros a saírem da Loja para se encontrarem com Irmãos e Candidatos a Maçom, para que, cara a cara, comecem a falar de Maçonaria, com o propósito de motivação;
4. Analisar com cautela os resultados desses encontros e contatos;
5. Iniciar apenas pessoas que se mostram apaixonadas pelos princípios e fundamentos maçônicos;
6. Amar e respeitar os Irmãos, não só do Quadro, mas da Maçonaria Universal, em geral;
7. Criar uma verdadeira comunidade, egrégora mesmo, em cada Loja;
8. Redistribuir as atribuições de produção maçônica, a cada Obreiro, segundo sua vocação e aptidão;
9. Recordar que geralmente existem Lojas mais atuantes, portanto mais poderosas, mas insistir, incentivar e os Obreiros para assumirem uma posição, não de ciúme, mas de justaposição com esses;
10. Ser fiel e leal à Maçonaria Universal.

Com estes 10 mandamentos motivacionais estaremos desafiando mudanças e deixando os nossos **SONHOS, IMAGENS E SÍMBOLOS voarem, vagarem, enfim, construírem.**

Maçonaria – um Estado Uniderma

Não faltam indagações para um novo Estado Maçônico do Terceiro Milênio, mas sim compreensões atualizadas, definições e ações. Quanto às compreensões, a maioria dos Estados Maçônicos independentes e soberanos, principalmente da América Latina, nada mais é do que cópia fiel dos Estados não-maçônicos, mantendo os poderes de forma tripartite, ou seja, o Estado Tripartite, constituído por um Executivo, Legislativo e Judiciário. O Executivo é exercido pelo Grão-Mestre, Grão-Mestre Adjunto, ministros ou secretários, diretores ou coordenadores e este sem número de cargos e funções, cuja nomenclatura varia de Potência para Potência, ou seja, de Estado para Estado. Complementa o Executivo a descentralização, exercida por superintendentes ou delegados, com os respectivos adjuntos, dentro de determinado território, sendo que cada Potência mantém uma estrutura particular, específica e singular. O Legislativo é exercido por uma Assembléia Legislativa Maçônica que recebe, na maioria dos casos, a designação de Poderosa Assembléia Legislativa Maçônica e é integrada por deputados, estes escolhidos pelas Lojas e triângulos da jurisdição. O Judiciário mantém dois tribunais – Tribunal de Justiça e Tribunal Eleitoral, que são integrados por Maçons que recebem a designação de juiz. Repetimos: cada Potência ou Estado mantém singularidades que lhe são específicas. Assim, as Grandes Lojas funcionam, como o próprio nome indica, como uma Loja, tendo um Grão-Mestre a presidi-la e como seu adjunto um Maçom designado pela expressão Deputado do Grão-Mestre. O que variou? A forma e não o conteúdo. A Maçonaria tripartite foi desenvolvida a partir do segundo quartel do século XIX, quando os dirigentes passaram a copiar para a Maçonaria o modelo do Estado não-maçônico, que usualmente é chamado de Estado profano, tanto estadual como federal. Existem Estados Maçônicos que tanto copiaram ou estão a copiar do Estado profano, que mantêm tribunais de contas e outros, inclusive, o Ministério Público e as ouvidorias.

O Estado não-maçônico, ou o Estado como tal, mantém a separação dos poderes que guardam, cada um, a singular função: legislar, administrar e jurisdicionar. Sua gênesis ocorreu na Grécia, com Aristóteles, que viveu de 384 a 322 antes de Cristo e é autor do livro "Política". John Locke, inglês, que viveu de 1632 a 1703, aperfeiçoou a obra de Aristóteles no livro "Contrato Social", e coube ao francês Charles Secondal Montesquieu que viveu nos anos de 1698 a 1755, sustentar na obra "O Espírito das Leis", escrita em 1748, o Estado tripartite, idéias que desaguaram nas Revoluções Americana e Francesa. Este tipo de Estado, obedecida a conjuntura do Terceiro Milênio, é um despertar de crises, como veremos no capítulo MAÇONARIA VANGUARDEIRA, pois produto de competição desordenada, onde cada órgão trabalha isoladamente, fragmentando o todo, onerando o tesouro e fomentando a corrupção. Mas por quê? Simplesmente porque os órgãos são dirigidos por políticos que exercem mandato eletivo e necessitam direcionar a ação do órgão para a base eleitoral que se transforma em curral eleitoral. Necessitam ainda obscurecer a ação do outro órgão para impedir que o titular deste venha a ser seu concorrente em eleições futuras. O gestor maior deste Estado, igualmente, mantém sob controle os escalões inferiores, para que estes não lhe tirem o poder centralizador. Esta política é chamada de *Pinus illiotis*, ou seja, um tipo de pinheiro próprio para a fabricação de papel, mas que deixa o terreno tão seco e de um odor tão forte que ao redor nada cresce e dentro nada se cria. Assim, o Estado atual carece de uma lealdade ética.

Esta a realidade que poderíamos, analiticamente, decompor, mas o faremos no curso de nossa exposição e discussão. Emerge, entretanto, sobre o assunto, uma discussão mais acadêmica. Vamos a ela.

A ementa do próprio nome ESTADO leva-nos a considerações digressivas inevitáveis, pelas quais, por paradoxal que seja, mesmo que sinteticamente, devemos nos situar na essência do tema: O que é um Estado e, como estamos falando de Maçonaria, o que é um Estado Maçônico? Pela ciência política, como fonte do Direito Internacional Público, tem-se como princípio da verdade científica que, a partir do momento em que um povo considerado toma consciência de sua unidade cultural, de sua continuidade espacial, delimitando-lhe território e laços de afinidade que lhe atribuem estrutura unitária definível, consolida-se no espírito deste mesmo povo o desejo de formar uma nação e assumir uma nacionalidade, criar uma alma comum e se libertar para constituir-se em Estado.

Na primeira parte do Landmark nº IV da compilação de Mackey, numa fase ainda imatura das teorias políticas, vemos, na redação, o enunciado da mesma conceituação política:

O governo da fraternidade por um Oficial que a preside, denominado Grão-Mestre, eleito pelo povo maçônico.

Admitindo-se a propriedade de um povo maçônico, que toma consciência *de si*; que forma uma nação *per si*; que se une em nacionalidade e segue os mesmos ditames, isto é, tem a mesma alma, tudo colocado a nível superior de, por vontade própria, eleger um Grão-Mestre que o presidirá, estabelecemos o princípio do Direito Internacional Público Maçônico, pelo qual cada Grão-Mestre representa um povo maçônico considerado, conscientizado de sua unidade iniciático-cultural, de sua continuidade espacial delimitando-lhe território e, por fim, laços de afinidade que lhe atribuem estrutura unitária definível, conferindo-lhe individualidade própria na condição de Potência Maçônica soberana e, por isso mesmo, independente e autônoma.

Fixemos, pois, em face de sua importância e relevância, este conceito inquestionável. Cada Grão-Mestre, dentro do rigor maçônico, oriundo esse de regras fundamentais e institucionais interrogáveis, que legitimam ortodoxia, representa uma Potência Maçônica soberana, independente e autônoma *per si*, não sujeita a qualquer dependência ou subordinação a hierarquias superiores outras. Vamos sintetizar este parágrafo todo: o Grão-Mestre que está subordinado a outro Grão-Mestre, não é Grão-Mestre. O Grão-Mestre que está subordinado a outro Grão-Mestre, não é chefe de um Estado Maçônico, isto é, de uma Potência Maçônica, pois ela não tem soberania, independência, nem autonomia.

Dentro do princípio de que, no regime federativo, cada Estado Maçônico conserva sua individualidade, temos a conclusão lógica de que pode haver uma entidade confederativa, como a Confederação Maçônica do Brasil – COMAB e a Confederação da Maçonaria Simbólica do Brasil – CMSB, que, pelo modo com que foram constituídas e estruturadas, não representam, legitimamente, os membros confederados, salvo expressa autorização desses e, ressalte-se, nos termos em que é ou foi outorgada a representação. Necessária uma síntese deste parágrafo: tanto a COMAB como a CMSB, não são Potências e, conseqüentemente, Estados Maçônicos, mas sim confederações com o objetivo de manter a harmonia e a convivência pacífica entre seus componentes, estes, os Grandes Orientes ou as Grandes Lojas, respectivamente.

Disso resulta que, dentre várias unidades confederadas, algumas poderão outorgar uma representação, sem prejuízo de que outras conservem o *direito de reserva*, que as preserva da representação plural, não consentida à unanimidade, em outras palavras, o que uma Potência delegar, não necessita ser delegada por outra, mesmo que pertencente à mesma Confederação.

Agora vamos entrar num terreno perigoso e movediço. Se for comprometida a soberania de cada Potência confederada, transformando-a ou transformando-as, abruptamente, a Confederação assume o papel de Federação ou entidade unitária, pela qual se exaurem as individualidades distintivas de cada Corpo Soberano, tornando-os subordinados e dirigidos, destituídos da independência e autonomia.

Ainda sobre esta impropriedade, quando se enuncia uma fusão confederada e não colegiada entre Potências detentoras de soberania, independência e autonomia plena. Esta matriz exclui a Confederação e remete à dissolução, porquanto não há razão de existir. Em termos práticos a Confederação Maçônica do Brasil – COMAB e a Confederação da Maçonaria Simbólica do Brasil – CMSB deveriam simplesmente ser um Colégio de Grão-Mestres que se reuniriam, eventualmente, para trocas de experiências e informações, uma vez que as duas confederações não têm poder político, cujo motor são os efeitos compulsivos, como uso do direito e mesmo da força.

A existência confederada, com a estruturada atual reveste-se, única e exclusivamente, à confraternização, eventuais trocas de experiências, auto-elogios delirantes, nada matizando de concreto na busca do ideário maçônico.

Seria impropriedade legal, moral e ética a manutenção confederada sem que ao menos tenha uma motriz que lhe legitime a unidade que, no regime do direito comum, tem personalidade jurídica *per se*, impondo que a referida representação se dê na pessoa do Presidente da Confederação, dentro do que os respectivos estatutos determinarem e não por determinação AHEDONISTA, em outras palavras, pela vontade do povo maçônico das respectivas Potências.

Ao óbvio, a possível manutenção da Confederação só se viabiliza e legitima pela assinatura de um tratado, tendo como anuentes os federados e em forma de Constituição, uma vez que:

- por primeiro: Regulamentos ou regimentos são inócuos pela forma, pois só regulamentam ou esta belecem normas de funcionamento;
- por segundo: Regulamento significa internação e decomposição de algo em frações operacionais ou estruturais; regimento significa fixar fluxos de atu ação.

A Federação, por sua vez, existe e subsiste instituída e mantida por fecundação de representação legal, provida do direito de representação de suas unidades componentes que, no caso maçônico, são as Lojas e os Triângulos.

Falamos em impropriedade do discurso e na heterodoxia. Vamos decompor estes conceitos quanto ao Estado Maçônico.

1. Em todos os discursos é dito da necessidade de todos os Maçons brasileiros se unirem numa só bandeira, para que a Maçonaria volte a ser forte, como foi no passado.
2. Se estamos considerando uma Maçonaria forte no passado, estamos considerando a Maçonaria débil ou inexpressiva no presente.
3. Entendemos, outrossim, que qualquer Maçom alçado à dignidade maior de Grão-Mestre, sob pena de heterodoxia, não pode consentir numa afirmação como a do item 1 supra.

Pela consciência iniciática, cada Maçom, a par do Grau de Aprendiz, sabe e tem o dever de saber e conhecer bem que a Maçonaria se assenta sobre regras institucionais interrogáveis, portanto, imutáveis em sua essência, e pelas quais se erige o princípio da ortodoxia, cuja infringência importa na não-Maçonaria. Logo, não se poderá jamais admitir Maçonarias distintas, seja no tempo ou espaço, porque ela é una e contínua, sempre vinculada à tradição iniciática. Ainda não existe Maçonaria de Ritos, e isto estamos insistindo pela segunda vez neste livro. Não existe Maçonaria de York, Schröder, Brasileiro e tantos outros. Também não existe Maçonaria Americana, Francesa, Alemã e tantas outras. Também não existe a Maçonaria dos Grandes Orientes Independentes, das Grandes Lojas e dos Grandes Orientes Estaduais subordinados ao Grande Oriente do Brasil.

A Maçonaria é universal, una, inquebrantável e indivisível.

Os princípios, fundamentos e a essência são os mesmos.

Pode ocorrer que o contingente humano maçônico, em cada época, sofra influências negativas decorrentes do seu somatório qualitativo, afetando seus índices de expressividade valorativa, o que não autoriza a ilação de Maçonarias diferenciadas, mas, isso sim, modificação qualitativa da coletividade humana que tenha sido arregimentada para seus Quadros. Este é o principal problema.

Obviamente, será o homem o responsável pela boa prática iniciática, da qual dependerá a preservação da ortodoxia, a não admitir variações. Se essas práticas passam a ser permitidas ou toleradas, deriva-se para a heterodoxia que, marginando o ortodoxo, nega a legitimidade institucional e, conseqüentemente, pretende-se como maçônico o que na realidade tornou-se antimaçônico ou profano.

Se admitirmos uma Maçonaria débil no presente, não se pretenda que é a Instituição que sofreu regressão, mas os homens, de presença efêmera na Sublime Ordem, que deixaram de estar à altura de sua sublimidade. Ter-se-á identificada, então, uma distorção ou desvirtuamento, que não tem a tradição iniciática, que deverá ser conservada perene e não submissa ao homem ocasional, aventureiro, interesseiro e passageiro.

Entendemos, pois, que a razão de ser de uma pretendida homogeneização, não se traduz propriamente nessa, porque em todo e qualquer Maçom autêntico repousa indormido o espírito de fraternidade e união. Pretender-se-á, com mais propriedade e precisão, a unidade constitutiva da coesão espontânea, lastreada na autêntica consciência iniciática, que repele discriminações de e por cúpulas.

Sim, a discriminação não parte dos Irmãos, mas dos Irmãos que estão nas cúpulas.

Como demonstramos, denota-se uma inconsciente extroversão do estado de espírito: o homem preocupado consigo mesmo e no modo como justificar-se na situação que lhe pareça melhor é a primeira grande verdade. Confunde-se com a própria Ordem, projetando-se na relevância onde deveria ser exaltada a Instituição, e rebaixando essa à condição de sua caudatária é a segunda grande verdade.

A unidade maçônica, mediante fusão confederada ou outra qualquer forma, há de ser o escopo, não para tornar forte a Maçonaria, que já o é por si, desde tempos remotos, mas para a consciência de unidade e unitária, que condiciona o emergir de lideranças autênticas, conscientes por si de suas potencialidades e construções, que não se prestam e nem se engajam em formações oligárquicas, contra posições da autenticidade legítima.

Examinados os aspectos que julgamos antagônicos no entendimento do que é um Estado Maçônico. Devemos alinhar alguma complementaridade, decorrente de sua própria existência material, o que faremos sob o enfoque que estamos perseguindo, que é O DESAFIO DAS MUDANÇAS:

1. Ainda devemos compreender que a Maçonaria, principalmente a brasileira, não pode ficar a mercê de indefinidas formas de Estado Maçônico, principalmente as que envolvem um possível Estado confederado, pois estaríamos proporcionando um nível hierárquico do Presidente da Confederação e consideram-se confidenciais e exclusivas ao conhecimento dos federados.
2. Também estranhamos que os Maçons espalhados por todas as federadas – Grandes Orientes independentes e Grandes Lojas – fazem juízo de valor de que a Confederação é uma verdade.
3. Paralela e simultaneamente, as Lojas são aliciadas para se transferirem a outras Potências, através dos processos mais variados de motivação, inclusive a exibição da extinção legal e não-maçônica da confederação.
4. Como se tanto fosse ainda pouco, os Grandes Orientes independentes e as Grandes Lojas estaduais, desprezando os valores históricos e o conteúdo político-ideológico dos movimentos de 27 e 73, estão glorificados com alianças subalternas e declinantes com a Potência indutora donde foram anteriormente expulsos.
5. A regra iniciática e as práticas referidas não só implicam em conduta ética inadequada e condenável, como, lamentavelmente, configuram o que se tipifica como felonia.

6. Ao mesmo tempo que somos convidados e convocados para nos assentarmos a uma mesa de entendimento fraterno, somos afrontados com provocações aéticas e agressões vis, incompatíveis não apenas com o espírito de fraternidade maçônica, mas, particularmente, com a sinceridade que deve presidir o ambiente de concórdia.

Feitas as considerações preliminares, partimos para o exercício de análise a respeito da soberania, independência e autonomia das Potências Maçônicas, repetindo que cada Grão-Mestre, autônomo e independente, representa um povo maçônico considerado, conscientizado de sua unidade iniciático-cultural, de sua continuidade espacial delimitando-lhe território e, por fim, laços de afinidade que lhe atribuem estrutura unitária definível, conferindo-lhe individualidade própria na condição de Potência Maçônica soberana e, por isso mesmo, independente e autônoma.

Nenhuma outra formulação ou entendimento contrário a esse preceito doutrinário básico pode ser admitido e, muito menos, prosperar.

Dessa noção basilar, qualquer esforço no sentido do entendimento que leve à unidade global, via intercâmbio ou reconhecimento, terá que impor:

- Por primeiro – todos nós Maçons, especialmente os Grão-Mestres, devem na ortodoxia, que se mede e é expressa pelas leis fundamentais maçônicas – The Old Charges, Princípios Gerais da Ordem, Regulamentos Gerais e Landmarks, pré-existentes e prevalentes a qualquer outra elaboração posterior;
- Por segundo – de conseguinte, a partir da ortodoxia, que submete impositiva e indiscriminadamente,

têm que nos sujeitar à sua prevalência, perquirindo as condições pelas quais nos estruturamos com propriedade e legitimação.

Posta a questão sob esse ângulo, verificaremos que a Confederação não atende ao reclame ortodoxo, ao contrário, dele prescinde, ao suposto da validade incontroversa por não ter constituição formal.

A um só tempo, atendendo-se as regras da ortodoxia, eleva-se a constitucionalidade e a soberania de cada Grande Oriente e de cada Grande Loja, considerando o povo que os constitui, respeitando-se a forma AHEDONISTA, tradução da competência e experiência conhecida. Nada poderá ser alienado, por minúsculo que possa parecer e significar, desse poder para transferir à Confederação o seu poder institucional.

Não se pretende forçar, irracionalmente, uma estrutura inovadora de Grão-Mestres menores – os estaduais – sujeitos à autoridade de outro maior, como se a essência da regra vetusta pudesse ser alterada à conveniência de interesses grupais e humanos episódicos. Incide-se, portanto, no erro da marginalização dos superiores interesses da Maçonaria, para se dar cobertura à obstinação de pessoas.

A orientação terá de ser diversa, por alternativas. Enumeremo-las:

1ª – ou se adota a estrutura unitária, de um só Grão-Mestre nacional, presidindo toda a Maçonaria mediante delegacias estaduais e regionais ou,

2ª – organiza-se o povo maçônico de cada Estado da Federação Política Brasileira em Potências Maçônicas soberanas e independentes.

A primeira alternativa, como nos é dado a conhecer

pela realidade continental nacional e já discutida neste capítulo, é de todo impraticável, em razão de:

I – as particularidades regionais, envolvendo não só aspectos políticos e culturais, como outros vinculados à tipicidade geográfica, malha viária e distâncias variáveis, favorecendo o condicionamento propício a desvirtuamentos;

II – pelos desvirtuamentos, a incerteza da estabilidade fundada na ortodoxia, pela intromissão das injunções pessoais, favorecendo a formação de grupos tendentes à oligarquia, que impedem as lideranças autênticas, entronizando a prática do aulicismo utilitarista.

III – pelos ensinamentos que nos foram transmitidos pelos movimentos de 1927 e 1973.

Esta institucionalização do modelo emana do puro maçônico e não necessita de adesão prévia, sujeição simultânea e comum, porquanto manterá o predomínio das regras institucionais inderrogáveis, sujeitando todas as Potências sob o regime da igualdade.

Qualquer outra proposição de organização estrutural, como o apelo à tradição de uma das partes e assemelhadas, levar-nos-á ao ocioso. Isso porque tradição maçônica não se restringe a uma denominação, mas em razão dela própria, que se transfere sob as regras que lhe dizem respeito.

Além disso, a união que se quer invocar é sabidamente artificial, se forem cotejados os episódios históricos de nosso passado não muito distante e como é estruturado o poder nas demais Potências Maçônicas que pontilham no solo pátrio.

Em síntese final, queremos deixar patente e bem realçado nosso firme e inabalável propósito de unidade e não de união – a menos que a ortodoxia de outrem seja revista –, à ressalva, entretanto, de que se respeite e valorize o Maçom das bases, muitas vezes superior àqueles das cúpulas, pela sua sinceridade, lealdade e pureza de ideal, isto é, o princípio AHEDONISTA.

O que estamos propondo é que a Maçonaria institua, retorne, assuma seu papel originário, sua gênesis e volte a ser, sem mácula, disfarces e sublimação ideológica, um ESTADO MONOCRÁTICO, o que realmente o é, que não só pode, mas deve ser denominado de ESTADO UNIDERMA, isto é, um só tecido, pois somos todos Irmãos, e sentimos o supremo orgulho de sermos Irmãos. Mas por quê? A essência do Estado Tripartite, desde que democrático, é a pluralidade de partidos políticos. Estes partidos, a rigor, devem ter programas de governo e de ação específicos e não coincidentes; ter linhas de condutas ideológicas singulares e não convergentes e ter, acima de tudo, um objetivo reitor: a conquista do poder municipal, estadual e federal; o poder, subsidiário da economia e da cultura, como forma de sustentação. Estes partidos digladiam-se em disputas eleitorais demagógicas, mentirosas, rancorosas, corruptas e infundadas e, quando chegam ao poder, com raras e honrosas exceções, praticam estelionatos eleitorais, porquanto o programa de campanha é inversamente proporcional ao da ação de governo. Já, na Maçonaria, a verdadeira Maçonaria, não pode e não deve ter partidos políticos, uma vez que seu programa é específico e convergente para o todo; a linha de conduta ideológica é envolvente e comprometida com os fundamentos e princípios da Maçonaria Universal. Na Maçonaria não deve haver disputa eleitoral, mas sim pode e deve ter uma pluralidade de Candidatos, pois esta é a essência, repetimos, da democracia – alternância do poder. Estes Candidatos, todos, estarão comprometidos em sublimar a Ordem. Falamos deste assunto com toda a convicção e baseados nos lamentáveis episódios que fragmentaram a Maçonaria brasileira, com suas 32 cisões, desde 1822 até 1973, todas elas registradas no livro UMA LUZ NA HISTÓRIA, sendo que as de 1927 e 1973, foram as mais explosivas e que não tiveram retorno justaposto. Não vamos repetir o que foi descrito no livro supramencionado, mas quem já teve acesso ao mesmo, ou de outros autores consagrados, pode ver, clara e insofismavelmente, que foram momentos em que se formaram, dentro da Maçonaria, grupos oligárquicos ou mesmo partidos políticos, embora não institucionalizados, cujos interesses grupais ou mesmo individuais sobrepuseram aos da Sublime Ordem e assim ocorreu, inevitavelmente, a cisão. O mesmo ocorre numa Loja onde são formados grupos; estes, ao assumirem o poder, marginalizam os demais e fica claro, claríssimo mesmo, qual o grupo que está no poder. Aos demais Irmãos nada mais resta senão ficarem um ou dois anos incubados e retornarem após seu grupo voltar ao poder, ou pedirem o quite-placet. Esta é a verdade verdadeira e lamentável.

No ESTADO UNIDERMA não existe poder executivo, legislativo e judiciário. O que existe é um COLEGIADO, presidido pelo Grão-Mestre e formado pelos Veneráveis Mestres. Este órgão não é o poder legislativo. Este COLEGIADO é o que o Poema Régius, mencionado na inicial deste livro, chama de ASSEMBLÉIA. Desta lealdade ética e institucional, entre o GRÃO-MESTRADO e o COLEGIADO, derivam duas vertentes e práticas:

1. A cooperação recíproca entre os órgãos do Estado Maçônico com o mínimo de atrito, fonte básica para evitar a crise;

2. Preconiza que o Grão-Mestre, seu Adjunto e os Veneráveis Mestres e seus substitutos, devem respeito mútuo e recíproco, renunciando qualquer fragmentação, divisibilidade ou desconsideração pessoal.

O ESTADO UNIDERMA não é uma Confederação, mas sim uma Federação. Confederação é um Estado ou uma Instituição que congrega Estados e Instituições autônomas e independentes, mantendo estas em harmonia e solidariedade dentro de princípios e normas comuns, no caso maçônico, os princípios, fundamentos e, principalmente, a essência maçônica. Já a Federação é um Estado ou uma Instituição soberana e independente, que goza de autonomia plena, sujeita, tão-somente, a sua Constituição ou norma jurídica afim. Assim, os Grandes Orientes que formam a Confederação Maçônica do Brasil – COMAB, são Estados Maçônicos e se constituem numa federação que mantêm e preservam, em si, autonomia e independência; o mesmo acontece com as Grandes Lojas Estaduais com relação à Confederação da Maçonaria Simbólica do Brasil – CMSB. Do lado oposto está o Grande Oriente do Brasil com relação aos Grandes Orientes Estaduais, seus jurisdicionados. Vejamos: se o Grande Oriente do Brasil – GOB – é uma Federação, os Grandes Orientes Estaduais são Estados membros, portanto não autônomos e independentes; se o Grande Oriente do Brasil – GOB – é uma Confederação, o que sua Constituição nega, então os Grandes Orientes Estaduais são independentes e autônomos. O Estado só tem autonomia e independência se for Federação.

Mas o que estamos propondo não é uma Maçonaria situada na craveira comum, mas sim provida de elementos substantivos para se impor ante as exigências de um mundo novo, este do Terceiro Milênio. Uma Maçonaria provida de poder AHEDONISTA, isto é, onde o poder não seja hierarquizado verticalmente, ou seja, um chefe, depois um subchefe, após o terceiro chefe e assim sucessivamente, mas sim, onde o poder seja hierarquizado horizontalmente, onde não há espectadores, onde todos são atores, pois somos todos, repetimos, Irmãos. Sobre este assunto iremos dedicar um capítulo específico neste livro.

Um ESTADO UNIDERMA é um aglomerado que congrega iguais, para discutir ou transmitir temas singulares de interesse comum, sem qualquer vínculo instituído de poder. Vejam a profundidade deste conceito. Se congrega, não é provido somente de vínculos de uniformidade, mas, e principalmente, de convergência quanto aos interesses e mais, não subordina mas sim filia. Se filia, é provido de poder agregador AHEDONISTA. Interesse comum de quem? Da Potência e das Lojas ao mesmo tempo.

O ESTADO não UNIDERMA é um Estado ou uma Instituição que subordina Estados e Instituições que gozam de autonomia e independências derivadas, portanto somente membros. Se subordina, é provida de poder coercitivo, isto é, força, manipulação e, totalmente, hedonista.

O COLEGIADO no ESTADO UNIDERMA é o órgão deliberativo de uma Potência Maçônica com poderes constitucionais, legislativos, judiciários, eleitorais e devem estar expressos na sua Constituição, a qual é secundada pelo Regulamento Geral, por um Código de Procedimentos, um Código Eleitoral e outro Penal, além de outros instrumentos jurídicos que a Potência achar por bem definir. Não somos nós que estamos ditando esta forma de Estado, mas é o retorno às origens da Maçonaria Especulativa com os ensinamentos da Maçonaria Operativa e adaptados para o Terceiro Milênio.

Invocando a vivência maçônica brasileira, é indubidoso que, principalmente, os episódios de 1927 e 1973 se excepcionaram à área do Direito Internacional Público Maçônico, admitindo-se, na esteira de sua realidade, uma Ordem Jurídico-Maçônica de ampla e diversificada classificação, compreendendo especificações e nunca especializações. A racionalidade prática recomenda o exame gradativo das funções, não de uma sistematização hierárquica jurídico-maçônica, mas do destaque cronológico, permissivo da objetividade, a sugerir-nos seqüência metodológica e ao mesmo tempo política. Ante as limitações decorrentes do objetivo deste livro e, por essa, condicionamento da propriedade expositiva, nos ateremos às noções básicas emergentes do conhecimento comum, uma vez que pretendemos uma renovação e não uma manutenção do atual modelo de Maçonaria. Assim, sugerimos introdutoriamente: coerentemente com o propósito prescrito, importa ser destacada, em sua forma originária, que toda a deliberação de uma reforma de tamanha magnitude seja precedida de ampla discussão, amadurecimento, procurando a aceitação, se possível, unânime. O importante é que os Obreiros sintam-se partícipes do modelo. Prescreve-se que o ESTADO UNIDERMA tem propulsão tão forte que é possível uma dual finalidade:

1. Pugnar pela unificação da Maçonaria brasileira;
2. Estudar e divulgar normas que propiciem a defesa e o progresso da Maçonaria brasileira para que ela seja a construção do O DESAFIO DAS MUDANÇAS.

O ESTADO UNIDERMA, com a deliberação de delimitar sua composição num COLEGIADO, é o modelo capaz de manter acesa a chama dos ideários de uma Maçonaria unida e forte, porquanto ninguém mais vai ser súdito, mas sim compor a nobreza, pois dentro da proposição acolhida, os poderes conferidos e o credenciamento outorgado à Potência, estão todos os Obreiros aptos a pugnar, estudar e divulgar e não polariza situações próprias e distintas, como, por exemplo, partidos políticos.

Na condição de entidade colegiada, os poderes conferidos e o credenciamento outorgado emanam de cada Loja anuente e não da Potência como entidade *per si*. De conseguinte, não decorreria das situações referidas uma delegação de competência deliberativa de sentido restrito ou amplo, que pudesse autorizar o encaminhamento de forma, mas o conhecimento de condições. Com a delegação específica, se compromete cada Loja, em anuir numa forma de um ESTADO UNIDERMA central e em propiciar o conhecimento efetivo da possibilidade desse: – espécies distintas, com causas diversas. Numa primeira hipótese – a da forma – sobreleva o aspecto da antecipação do objetivo – COLEGIADO – como ponto incontroverso; numa segunda hipótese conhecimento efetivo das possibilidades colegiadas – sobreleva o intuito de se indagar e conhecer quanto ao condicionamento ou possibilidade do objetivo almejado – ESTADO UNIDERMA.

Outra não poderia ser a orientação, ao pressuposto lógico-jurídico, tanto maçônico como civil, de que nenhum dos Veneráveis Mestres, pessoalmente, sem prévia manifestação de seus presididos, estaria em condição de decidir, no exato entendimento de que todos, pela estrutura de cada unidade filiada, estão submetidos às regras da ortodoxia, pela qual se sujeitam à vontade soberana do Povo Maçônico que os elegeu e investiu. Sob esse aspecto, há que ser analisada a dinâmica do poder, a partir de suas fontes e do seu exercício.

Na estrutura confederada, o poder de influência de cada Loja, conquanto arrefecido pela adoção da representação deliberativa, que extingue a Potência, tem ainda substancial força convergente e vigorosa atuação motivadora, em face de sua fácil acessibilidade aos órgãos de cúpula, condicionando o comportamento desses em correspondência com os seus anseios.

Com essas considerações concluímos:

1. por primeiro – que os Maçons não desejam trocar nomes e posturas pela simples leviandade de mudar;
2. por segundo – não o fazem sem o respaldo instituído com anterior ou posterior encaminhamento às Lojas filiadas das conclusões finais, com oportunidade a essas de se manifestarem a respeito para não caírem no malogro ditatorial;
3. por terceiro – nem que quisesse o Grão-Mestre agilizar a forma de uma mutação tão profunda, não poderia fazê-lo sem que, pelo menos, seu respecti vo COLEGIADO se manifestasse, legitimando a atuação executiva.

Se assim não for a alteração de mudar, mas apenas pelo simples fato de mudar, manterá o mesmo repertório conhecido e nada irá mudar.

Recordamos que o antes de 1973 o Grande Oriente do Brasil, onde não ocorre o mesmo poder de influência das Lojas, não só pela presença de legislativos que se sobrepõem nos níveis estadual e federal, como pela maior concentração do poder pessoal no Grão-Mestre Geral, que subordina os estaduais e estes as Lojas, ensejando soma de poder discricionário.

Para a devida e adequada colocação do assunto, dentro da propriedade com que deve ser tratado, entendemos que os membros do COLEGIADO da COMAB, em 1973, não pretenderam denominá-lo com o nome de Confederação, porque, se assim quisessem, estariam praticando um pecado maçônico que se chama ignorância.

Com tais considerações, entendemos oportuno ao desenvolvimento expositivo sob apropriação técnico-jurídica, o que entendemos seja um ESTADO UNIDERMA.

Vejamos alguns conceitos e definições: entre deliberar e legislar existe uma distância infinita.

O COLEGIADO deve ter poderes legislativos, mas não é legislativo, é deliberativo, onde o Grão-Mestrado delibera através de seu Grão-Mestre, substituído pelo Grão-Mestre Adjunto; das Lojas e Triângulos da jurisdição, através de seus Veneráveis Mestres e presidentes. É um só tecido; é um ESTADO UNIDERMA que figurará, temos certeza, nos dicionários jurídicos e na Sociologia Política num futuro não muito distante.

Devemos não só ter a coragem, a compacidade, mas sim a grandiosidade da mudança, pois a Maçonaria é feita de homens, grandes homens, pensantes, criativos, convictos, impulsivos, corajosos, destemidos, figurantes, presentes, audazes que usam a massa cefálica para o pensar, progredir e desenvolver.

O Terceiro Milênio nos impulsiona à epistemologia

do Estado Maçônico. É só saber desenvolver o conhecimento. Os únicos instrumentos que não podem ser mudados em Maçonaria são, estamos sendo repetitivos, os de natureza cognitiva, traduzidos nos fundamentos, princípios e essência da Arte Real. O resto é o resto, muitas vezes amorfo, empoeirado, disforme, sonolento, irracional, ditatorial, antidemocrático, não participativo, não motivante que deve ser, para sempre e de uma só vez, varrido e banido.

Pelo que foi exposto, não estamos falando em Estado ideal, mas sim maçonicamente ideal, porquanto as funções do Poder Legislativo que compete legislar e fiscalizar; do Poder Executivo que cabe administrar a coisa maçônica e o Poder Judiciário, como guardião da Constituição e das leis, estão unidos no órgão chamado COLEGIADO, onde, repetimos, o Grão-Mestre e seu Adjunto presidem esse órgão, tendo como membros os Veneráveis Mestres e seus substitutos.

O modelo, além de cristalizar o Estado democrático de direito, também é liberto, igualitário e fraternal e os Maçons que ocupam os diversos cargos estão respaldados por mandatos eletivos.

Mas o Estado Maçônico do terceiro milênio necessita de outros instrumentos complementares para o viver maçônico vitalizado, dinâmico e atuante que é o sistema de indicação e sindicância, este núcleo de uma Maçonaria séria e de alta responsabilidade; um sistema de comunicação moderno e rápido, neste momento em que o mundo vive e se alimenta da comunicação virtual e em tempo real. Não é mais possível uma Potência sobreviver sem que detenha a informação calcada num portal eletrônico, um site amplo, banco de dados, ensino à distância, etc.. Todos estes elementos conjugados, interligados, mas, e necessariamente, fecundados entre si, permitem que a motivação seja a consagração e a construção maçônica que engendra o Maçom a considerar-se participante, ator, e não apenas espectador.

É lamentável que, sendo a Maçonaria uma escola iniciática, o número de Obreiros que são Iniciados corresponde à quase totalidade dos que a deixam após atingir a plenitude maçônica.

Muitas vezes, neste nosso caminhar, somos censurados ou elogiados, por pensar e agir de modo diferente. Podemos afirmar que esta não é uma constatação verdadeira. Nós pensamos exatamente como pensam noventa e nove por cento dos Maçons brasileiros, independente de Potências e de Ritos e o que é praticado nas alianças maçônicas desenvolvidas. O que o augusto povo maçônico quer, é uma Maçonaria forte, destemida, pujante, corajosa, sem mácula, jaça e em si confiante. Querem uma ESCOLA DE CONHECIMENTO chamada e aclamada de Maçonaria. Esta designação merece estar estampada em todos os lugares, discursos, escritos e principalmente nos corações dos homens *justos e perfeitos*.

Sim, procuramos defender esta tese no livro – MAÇONARIA, UMA ESCOLA DO CONHECIMENTO –, provando que o título corresponde ao objeto maçônico. Hoje a expressão conhecimento já invade disciplinas, cursos, centros e até universidades. Assim, voltamos à velha tecla: será que os conceitos maçônicos necessitam ser os mesmos do século XVIII? Será que o mundo não evoluiu? Se for assim, estão certos os que afirmam que a Maçonaria é uma instituição arcaica, atrasada, velha e que reproduz conceitos medievais. É isto? Então nada mais temos a fazer, senão pedir desculpas às nossas consciências e partirmos. Não! Vamos resistir.

Esta Escola é do e de Conhecimento que abriga as lições do passado transposto para os horizontes da sociedade hodierna, globalizada e holística. Ela deve ser permanentemente reformada para atender o momento e a conjuntura que ela mesma criou. Ela é, sim, a maior criação que o gênio do homem até hoje construiu. Vamos cultuá-la como paradigma de nossas próprias grandezas.

Uma Potência necessita ter objetivos permanentes e objetivos transitórios. Os objetivos permanentes estão, de maneira muito clara, expressos nos Princípios Gerais da Ordem e os transitórios devem estar no Plano de Governo e que é a política que vai orientar a gestão. A política está acima do que ela mesma regula, portanto o Plano de Governo está acima do Regulamento Geral da Potência. Necessitamos estar acordes dessa verdade, para que não sejamos partícipes de uma Maçonaria que não tem sonhos, imagens e nem símbolos. Se tem sonhos, tem planos, e se tem sonhos e planos é Maçonaria. Sejamos mais claros e partamos para um exemplo profano. A Reforma do Sistema Jurídico Nacional – leis e juizados – necessita ser, urgentemente, reformulada. Pode? Não, pois a Constituição não permite. É necessário? Sim, urgentemente necessário. Imprescindível mesmo. Então vamos reformular a Constituição. Isto é, em outras palavras: o objeto está acima do método. No momento em que muda o perfil social – econômico, político e cultural – da sociedade, é necessário mudar sua regulamentação, mas permanecer defesos os princípios e os fundamentos. Para revolucionar, há necessidade de modificar, começando pela mentalidade difusa e estagnada que invade muitos por momentos e poucos sempre.

Tenhamos presente que toda mudança pode ser caracterizada de várias maneiras: pequena, média e grande. Se esta mudança for de cento e oitenta graus significa colocar em contrário e colocar em contrário é fazer uma revolução. Para mudar encontramos resistências e preconceitos, uma vez que estas mudanças trazem em si e para si maneiras ofensivas do pensar e agir até então, portanto estranhos na linguagem e no comportamento das instituições sem às vezes nos darmos conta disso. É importante que em Maçonaria possamos ver as coisas como elas são e tenhamos a liberdade de expressar qualquer ponto de vista, ainda que ele seja ultrajante para alguns. Qualquer opinião deve passar pelo teste do debate, e ser mantida ou descartada por seus méritos, não porque alguém disse que ela é aceitável ou inaceitável a priori, mas sim, desde que acompanhado de medidas que assegurem ao Maçom o pleno direito de expor suas idéias, as quais, depois de aceitas, poderão fazer parte do rico elenco do processo educacional da Sublime Ordem.

Quando emitimos o sinal que estas opiniões não são bem-vindas, prejudicamos não apenas a competitividade de nosso sistema de educação maçônico, não apenas nossa habilidade de fomentar o conhecimento, mas, sobretudo, nossa habilidade de propagar valores e ideais. Lembremos sempre: o Maçom, verdadeiro Maçom, não vive de idéias, mas sim de ideais.

No mundo não-maçônico, o que procura é controle. Isto acontece no Estado não-maçônico e nas empresas. No Estado Maçônico o que se busca é a legitimidade, isto porque em Maçonaria uma Loja não procura submeter e subordinar a outra, mas sim colaborar com a co-irmã, o que vale para os Obreiros. Para o Maçom é mais fácil orientar os outros a não errar a querer coagi-los a fazer o que desejam. Tenhamos presente que não existe atalho para o crescimento. O rumo deve ser mantido por quanto tempo for necessário, mesmo que leve uma gestão ou várias gestões. Esta ortodoxia que devemos enfatizar neste livro, pois o Grande Oriente ou a Grande Loja não é de um Grão-Mestre, como uma Loja Maçônica não é de um Venerável Mestre, mas sim patrimônio de todos aqueles que esperam recompensas pelo seu trabalho, sua capacidade de aprender e ampliar seus conhecimentos que não devem parar de aumentar, progredir e desenvolver.

A receita da mudança é muito simples, elementar mesmo. É trabalho, trabalho e muito trabalho. O erro não está nesta ou naquela Potência, mas em toda a Maçonaria brasileira. Nós somos fruto instituído da Maçonaria dos anos ditatoriais do século passado. A partir daí começou a descida e a recaída. Notamos esta tendência quando escrevemos o livro UMA LUZ NA HISTÓRIA e agora quando lançamos o livro ORDEM E TRABALHO – ESTA É TUA HISTÓRIA. Estas fragmentações irão fazer parte de outro capítulo deste livro.

Outra situação que deve ser observada, meditada e implementada, é a eterna confusão que se estabelece entre o que é Regulamento e o que é Procedimento. O Regulamento deve prever a estrutura da Potência, a competência dos órgãos, como eles são providos, enfim, os aspectos substantivos. O Código de Procedimentos é como, quando e onde fazer. Ele é mais complexo, pois alguns procedimentos são, eminentemente, administrativos e burocráticos, como é o caso da sindicância. Outros procedimentos envolvem o Rito, que deve ser respeitado, enfim, os aspectos adjetivos que regem a Potência e as Lojas.

Necessitamos entender que o Estado Maçônico não é regido pelo Direito Público, onde, por exemplo, o Governador do Estado ou o Presidente da República, enfim, o gestor público, pode tudo desde que a lei permita. Já o Estado Maçônico é diferente, assemelhando-se a uma empresa privada em que o Grão-Mestre ou o Venerável da Loja tudo pode, desde que a lei não proíba. O Estado Maçônico é dirigido pelo Grão-Mestre e, na sua parte, pelo Venerável Mestre, que formam com os Irmãos uma grande egrégora, liberta, igualitária e fraterna. Ele não pode ser assemelhado ao Estado não-maçônico; ele não pode ser assemelhado a uma empresa, à igreja ou a um clube de serviço. O Estado Maçônico é pujante, forte e não se vale de premissas codificadas, isto é, o direito maçônico não está nos códigos, mas sim no reflexo moral, ético e por que não estético, com uma pequena dose de utopia. Se o Estado não-maçônico é um imenso cemitério onde são enterradas todas as manifestações de vida, o Estado Maçônico não é sacrifício, mas sim felicidade, donde florescem esperanças e brotam manifestações de entendimento coletivo, conjunto formador de uma Potência Maçônica. É altar onde a liberdade, igualdade e fraternidade encontram seu maior dimensionamento possível, princípios que são imolados por cada Obreiro, no augusto desejo de ver a si mesmo justo e perfeito. É o Estado em que todos podem dizer o que pensam, pois são livres pensadores; onde desaparece a estratificação social pela horizontalidade igualitária e a divergência é aceita pelo princípio fraterno.

O Estado Maçônico não é abstração devoradora e nem semeador de morte, mas respiração e sopro de um novo nascer, desenvolver e continuar *no* e *pelo* existir, uma vez que ele é constituído por pessoas iniciadas, portanto privilegiadas, como se fossem um só corpo sacerdotal a fecundar ações para que a unidade não se evapore.

O Estado Maçônico não é patrimônio de ninguém, mas sim de todos os Obreiros, homens livres e de bons costumes, desaparecendo classes, nobiliarquias, burguesias e burocracias. É um Estado que se ergue não pelos recursos naturais ou pelas reservas cambiais, mas que se agiganta pela coragem, virilidade, cognição e expressividade de seus constantes – os Obreiros. É um Estado onde não há negação da existencialidade, mas sim a contemplação da essencialidade; da aceitação permanente dos reais interesses positivos do viver terreno pela concreta aparência do real de justiça, dado que este Estado é de fato um imenso paraíso onde todas as inspirações e aspirações vão buscar a sombra necessária. É lugar onde as abstrações existem nelas próprias e no todo formam a egrégora, em outras palavras, para os outros que se identificam como Irmãos, visto que têm mãos para talhar e cérebro para criar; pés para caminhar e ombros fortes para carregar. O Estado Maçônico não é estômago que digere esta massa de vítimas movidas por dogmas e ideologias, mas é olho que pela universalidade do Grande Arquiteto do Universo representa as aspirações positivas e reais de toda a humanidade.

Maçonaria – uma Ação Metanóia

Metanóia é uma mudança, é transfusão, é autopoiésis, é revolução e mudança expressiva no e do modelo mental, conduta e comportamento do Maçom, dirigente ou, simplesmente, Obreiro. Metanóia é muito mais – uma transformação no modo de sentir, ver e pensar no sentido mais profundo. A Maçonaria que se fala e se pratica no Brasil, sem exceção, e, para que não dizer no mundo só fala em mudança de processos, e não de mentalidade.

O que queremos propor neste livro é o que a inicial expressou no capítulo POR QUE ESTE LIVRO? o que o capítulo segundo A MAÇONARIA É UMA FÁBRICA DE SONHOS, IMAGENS E SÍMBOLOS inspirou; o terceiro capítulo O ESTADO UNIDERMA ordenou e mais, a mudança que o próprio mundo está assistindo. Vejamos: a vida das organizações está mudando radicalmente; a vida é outra dentro das empresas e dentro do mercado. Isto significa mais do que mudar simplesmente processos, mudar tecnologia e metodologia. Ainda, é mais do que introduzir sistemas de informações. É necessário dar ênfase e criar um novo jeito de ver e de fazer Maçonaria.

Em síntese, metanóia é mudar o jeito de ver para mudar o jeito de fazer.

O que o Grão-Mestre deseja é o mesmo que o Venerável Mestre deseja e é o mesmo que todos os Maçons desejam: UMA MAÇONARIA PRECISA, COESA, ÚNICA E PROGRESSISTA. Uma Maçonaria que os Maçons, ao terem contato com ela, a sintam. Uma Maçonaria que os não-Maçons, as autoridades, empresários, profissionais liberais, funcionários, enfim, todos os segmentos da sociedade a tratem com carinho, admiração e respeito. Uma Maçonaria que faça os Maçons gostarem de ir às Lojas e nelas trabalhar; e que os não-Maçons tenham o supremo orgulho em um dia histórico de suas vidas serem convidados à Iniciação.

É bom ser dirigente e partícipe de uma Maçonaria deste tipo. Mas, por que isto não acontece hoje? De repente, descobrimos que existem amarras, bloqueios e aprisionamentos sociais e psíquicos que não sabemos identificar donde vieram e por que vieram.

Metanóia trabalha em cima dessas amarras, desses bloqueios e aprisionamentos existentes, que funcionam como verdadeiras patologias, cuja cura depende da saúde mental de cada um de nós, Obreiros da Arte Real. Pensem os Irmãos: estas patologias não estão no sistema organizacional da Sublime Instituição, mas na maneira de pensar dos que a dirigem, orientam e que nela investem seu saber especulativo.

Quando mexemos com este emaranhado de procedimentos, percebemos que a Maçonaria ao sair dele se transforma como num passe de mágica, numa Maçonaria progressista, unida e forte, que é a Maçonaria deste novo mundo, mundo do Terceiro Milênio, mundo da Era do Conhecimento Sensível e agora proposto em O DESAFIO DAS MUDANÇAS. A Maçonaria atual está lutando, como Dom Quixote de La Mancha, única e exclusivamente pela sobrevivência. Instalou-se no espírito de todos os Irmãos do mundo um modelo mental de sobrevivência.

Vamos juntos pensar: qual é a base deste pensamento, deste mundo? A resposta sempre é a mesma. O mundo é escasso; não tem para todos. Mas, se não tem para todos, é necessário competir pelo o que existe. Daí essa verdadeira guerra, brava mesmo, entre Irmãos, uns querendo superar os outros. Cada um de nós precisa, a cada dia, matar um leão. Para matar um leão, cada Maçom o seu, vamos, invariavelmente, transformar a Maçonaria num campo de batalha. E a batalha é e será, cada vez mais, sangrenta.

Temos dirigentes Maçons, dignitários Maçons e Maçons pensando desta maneira, e a cada dia colocam uma armadura de guerra, cada dia uma armadura diferente e usam armas cada vez mais pesadas e potentes. Meditem todos. Vamos juntos desencadear um raciocínio: se não tem para todos, então é necessário competir leal, ética e moralmente.

Quando um Maçom consegue vender sua produção cognitiva, seu pensar, ele exerce sobre essa venda um controle, e como todo controle gera competição, então entramos num círculo cêntrico e infindo. Como temos sempre algo a vender em Maçonaria, estamos repetindo a fórmula com o desejo de acertar. Com isto, o Maçom e a Maçonaria ficam totalmente engessados e, conseqüentemente, imobilizados.

E por que é que ficamos nós e a Instituição engessados e imobilizados? Simplesmente porque estamos pensando na nossa sobrevivência e na sobrevivência da Maçonaria sob o enfoque de que, assim, o Maçom consegue viver. Perguntamos ao Venerável Mestre como está a Loja e como estão os Obreiros e ele vai logo respondendo: sobrevivendo. Os Maçons acabam conseguindo aquilo que eles não querem – apenas sobreviver.

Metanóia, este modelo mental, contraria a tese da sobrevivência e inaugura uma nova alvorada com a tese das possibilidades.

É pensar que a Maçonaria é fecunda e produtiva e que o seu pensar e agir são infinitos; é pensar que há abundância no mundo; tem para todos. Que existe um lugar ao sol para todos. Mas como processar esta metamorfose? É novamente simples: vamos trocar a competição pela cooperação, fazer parcerias, ver no outro um agregado, um Irmão, e não um inimigo.

Em Maçonaria, não devemos ter controle, mas apostar no risco, o que significa que, quanto mais risco, mais empreendimento há. O verdadeiro Maçom troca a repetição pela inovação. Chega, de uma vez por todas, de fazer Maçonaria do segundo quartel em diante do século XX. Vamos fazê-la nova, isto é, de maneira nova. O desenvolvimento da Aliança Maçônica está na cabeça dos Maçons que nela trabalham. Está na imaginação de cada Obreiro. Podem crer: os produtos que a Maçonaria tem para oferecer são múltiplos, milhares mesmo, muitos dos quais ainda não foram desenvolvidos, inventados ou decodificados; outros não foram sequer desembalados.

Continuamos a oferecer o mesmo produto desenvolvido, inventado ou decodificado pelos nossos ancestrais operativos; pelos nossos antepassados especulativos. Portanto, precisamos apostar na imaginação e no pensar de cada Maçom. O formato de uma Loja Maçônica tradicional leva a mesma à sobrevivência.

Vejamos: estabelecem-se as metas para uma gestão, o Venerável Mestre some atrás dessas metas e no final de cada mês, cada ano e cada gestão, quantas delas foram atingidas? Como não conseguiu realizá-las, às vezes nenhuma delas, recebe de presente outra meta ou outras metas, via de regra, maiores ainda. Precisamos compreender que o Maçom não é e nem pode ser impulsionado por metas, mas sim por propósitos, por uma paixão, um amor, ou seja, algo maior do que simplesmente metas. E por que não sonhos?

Este algo maior é necessário para que os Maçons, estes operários da Arte Real, se movimentem. Movimentar somente por simples metas é muito chato, sonolento, monótono, e tem um só caminho: procurar a sobrevivência e, quando esta finda, esperar a morte. É enfadonho. Lojas que só se alimentam de números, de trabalhos repetitivos do Primeiro Grau, de transcrições no Segundo Grau e colagem no Terceiro Grau, são Lojas chatas para se trabalhar. Nem todas, mas a maioria age e pensa assim, razão pela qual o máximo que conseguem é sobreviver.

As conquistas do primeiro semestre são subtraídas da paralisia do segundo semestre. Ganha-se num mês e perde-se no outro. São Lojas que desenvolvem paixões e não fertilizam nenhum propósito. Há necessidade de desafios maiores para que os Maçons coloquem toda sua energia na causa maçônica. As Lojas devem procurar aproveitar o máximo da energia de seus Obreiros para que tenham muito a fazer e oferecer ao mundo.

O trabalho maçônico é uma maneira que os Obreiros escolheram para participar do mundo e a contribuição de cada um é que precisa ficar clara para que todos os que trabalham na Sublime Ordem se sintam atores e não simplesmente espectadores. Se não for assim, a Maçonaria passa a ser um Clube de Serviço, ou pior, um clube sem serviço. Necessitamos não só ver a Maçonaria como uma fábrica que tem produtos a oferecer, após os desenvolver; não só ver a Sublime Ordem como uma atividade mercantil, uma escola. Isto é muito pouco para a Maçonaria do Terceiro Milênio. Ela precisa contribuir para o progresso e desenvolvimento da humanidade.

A vida é uma entrega.

O Maçom precisa contribuir, entregar alguma coisa. Em Maçonaria, as metas vêm depois, não antes, isto é, não antecedem. O ruim é quando uma Potência Maçônica, uma Loja, só tem metas e nada mais, além disso. Ela tem um orçamento, um plano de metas e nada mais. Perguntamos a um Grão-Mestre, a um Venerável Mestre: qual o objetivo reitor da Potência ou Loja que estais a dirigir e eles respondem: ter tantos Obreiros, fazer tantas Iniciações, Elevações e Exaltações. Isto nada mais é do que apenas metas. Podemos, mesmo assim, estar em frente a um líder que não é, temos certeza, um visionário. Não é um líder inspirador porque não consegue estabelecer objetivos sem agregar a eles valores quantitativos, o que, numa empresa, chamamos de faturamento e de lucro.

Não! O verdadeiro líder maçônico é aquele que

primeiro sonha, tem visão, desenvolve idéias e somente depois fixa metas. Sim, a Maçonaria do Terceiro Milênio deve sonhar e depois, com segurança, agir. O dirigente maçônico do século XXI é um gerente controlador, como o Tio Patinhas, que se diverte ganhando dinheiro, e não ganha dinheiro para se divertir. O pior é que existe Maçom que nem se diverte. Tem gerente que passa o dia vendo se o estoque baixou, se a produção foi desovada; assim também tem Venerável Mestre que passa o dia vendo se tem velas para a Sessão e se a conta da luz foi paga.

Uma Loja assim é como colocar 30 passageiros num ônibus para fazer uma viagem de turismo e os 30 ficarem olhando para o painel de controle do veículo vendo o conta-giro, a velocidade, o combustível, a temperatura e os demais instrumentos. A viagem fica horrível, chata, ficar olhando para o painel; enquanto isso, a paisagem, linda, com seus campos, montes e horizontes passa despercebida.

Ninguém viu o mar bravio, o navio desaparecer rumo ao oriente, o surfista ser engolido pela onda e aparecer como astro em sua crista, a menina arquitetonicamente bem trabalhada e, assim, este mundo animado e inanimado. Passam a viagem olhando para o painel, pensando na chegada, no jantar e em dormir. O homem que enxerga mais longe fica envolvido com a viagem, e não pensa só em chegar, mas no que há de novo para encontrar na chegada. Neste caso, a viagem fica melhor, mentalmente despoluída, sem estresse, porque ela parte de uma visão do futuro, muito mais importante do que ficar vendo a gasolina, a pressão do óleo. Quem deve ficar olhando para o painel e para a estrada é o motorista, e não o passageiro.

Desenvolvemos este exemplo para mostrar que o dirigente Maçom controlador precisa mudar o seu papel. Deve mudar de controlador para inspirador, o que significa ser o guardião de imagens e de visão do futuro. O líder Maçom é aquele que contagia as pessoas para que todas se animem a fazer essa viagem de turismo e que deixem de se comprometer com números, mas sim com a causa. A Maçonaria do Terceiro Milênio precisa, necessita, obrigatoriamente, ter uma causa. Este é o novo perfil do Maçom que quer ser dirigente; este é o perfil do Maçom deste alvorecer de século.

Muitos dirigentes Maçons se preocupam mais com os outros dirigentes Maçons do que com os seus Obreiros.

Obreiro é uma palavra muito pouco pronunciada nas Lojas. O Venerável Mestre precisa saber onde coloca sua atenção. Deve colocar no que é fundamental e não ficar dispersando, e preocupado com o que está fazendo o outro Venerável Mestre. A Loja preocupada com a outra Loja, o Grande Oriente preocupado com o outro Grande Oriente, está fortalecendo a outra Loja ou o outro Grande Oriente, pois está desprezando o Obreiro.

Atualmente, a Maçonaria trabalha com mercado e, portanto, necessita entender o que seja mercado. Para a Maçonaria, mercado é o todo. Na hora em que o líder Maçom está de olho em seu Obreiro, outro Venerável Mestre pode ser seu parceiro, pois ele pode ter a competência que sua Loja não tem para tornar o Maçom feliz. O Venerável Mestre precisa saber que a competência da Loja é fazer seu Obreiro feliz. Vamos sentar juntos e fazer aquele Maçom feliz, por que não? A felicidade, em muitos casos, decorre da esperança. E esta, a esperança, é feita de coragem. O trinômio felicidade, esperança e coragem é Metanóia.

O Maçom é um construtor, edificador, pedreiro, armador e, não há dúvidas, um fazedor de história, indutor da evolução e inspirador do progresso e do desenvolvimento. O Maçom, como construtor, recria o recriável e inova todas as coisas, obedecida a alma da sociedade em que está inserido. O Maçom tem o dom do tempo e do espaço ao mesmo momento. Vamos olhar para o passado e dele tirar os ensinamentos decodificados nos princípios de Arte Real, mas olhar e interferir no presente com amor e saber que o presente a nós pertence. Com o tempo? O tempo é cada um de nós, é cada um dos Maçons espalhados pela superfície da Terra, nos cinco continentes, porque o homem faz do e no tempo o que ele quer, deseja ou aspira, projetando-o para o bem ou para o mal. Isto também é Metanóia.

A esperança é este milagre que nos faz olhar para frente e projetar-nos no futuro. Embriaga-nos de motivações, idéias e ideais e inebria-nos em projetos e desejos. O Maçom provido da trilogia supramencionada é sadio, alegre, vibrante, positivo, pró-ativo, construtivo e cheio de iniciativas. É saber tirar do lixo o luxo, do banhado e do lodo as flores e o alimento e o próprio caos é criativo. Lembrem-se, como Maçons, que a meia-noite é também o início de um novo dia. Isto é Metanóia.

O Maçom é aquele trabalhador paciente, mas resoluto. Paciente? Sim, paciência é a capacidade que cada Maçom tem de ver, sentir e mesmo sofrer com a realidade do outro que é seu Irmão. Paciência é compreensão, discernimento, bom senso. Só os fortes, resolutos, corajosos, sábios e esclarecidos são pacientes porquanto sabem vencer etapas, distâncias, adaptam-se às circunstâncias, são compreensíveis e benevolentes. A pessoa provida de paciência é pacífica, simpática e benevolente. Com paciência respeita-se o processo evolutivo e se chega ao sonho. Tudo em processo Metanóia.

Na esperança, o Maçom torna-se um sentinela da vida em defesa da igualdade e liberdade dos povos, dos direitos humanos, da perfeita cidadania, promotores do combate aos vícios e à ignorância, até a globalização, não econômica, mas sim da fraternidade. A cultura da morte será vencida pela civilização do amor, na certeza que este é eterno e aquele efêmero. A âncora da esperança é o amor. No amor está o renascimento e a vida.

A esperança está fundamentada e fundeada na confiança.

O Maçom necessita ter confiança em si mesmo e nos seus Irmãos, base do entendimento, da comunicação e afetividade. A confiança nos remete a dons próprios como o tempo, a vida e a história, mas, e principalmente, o relacionamento entre os Irmãos. Agora propomos balizar o nosso entendimento para uma primeira matriz. Vamos a ela!

Nossa personalidade, não só dos Maçons, é claro, mas de todo o humano, é formada pelo temperamento que remete, invariavelmente, ao self – palavra da língua inglesa que se refere aos autos e à personalidade –, isto é, autodeterminação, conhecimento, análise, condicionamento e estes inúmeros casos do nosso agir e sentir. Parte minúscula de nossa conduta é inata e pelo self a assimilamos e a aprendemos. Como não existem duas pessoas com as mesmas impressões digitais, também inexistem duas pessoas com a mesma personalidade, mesmo sendo irmãos carnais. Por constância, como uma Loja Maçônica é formada por homens, então se infere, o que é, no todo verdadeiro e exato, que não existem duas Lojas iguais, mesmo que trabalhem no mesmo Rito e no mesmo Templo. Mas em Metanóia há possibilidade de unificar, o mais possível, os selfs. Como? Não estamos tratando de geração, gens, características físicas, emocionais e temperamento que se iniciam na fase intra-uterina. Estamos falando, isto sim, num modo mental de ver e sentir o mundo de modo diferente, de deixar de ser espectador e passar a ser ator; deixar de ser consumidor e passar a ser produtor.

Alguns Irmãos justificam a inércia dizendo que nós somos produtos do meio e que o nosso caráter já sublimou e se fixou, pois foi desenvolvido no decorrer da existência até aproximadamente os seis anos de idade após o nascimento. Nada disso! O homem é um animal racional e no decorrer de sua existência passa por verdadeiras metamorfoses mentais e físicas, o que formata a sua personalidade e lhe fixa a matriz de identidade como ontológico, isto é, ser enquanto ser. Como o caráter é desenvolvido pela educação formal, sistemática, também é fecundado pela educação informal e assistemática, o que em outras palavras significa que estamos incorporando, diariamente, 80.000 informações, provenientes da escola, dos meios de comunicação, do trabalho e lazer e de nossas próprias criações. Assim, cada um dos humanos, por seu self dá às coisas a sua significação específica que, em termos acadêmicos recebe a designação de significada e significante. Um exemplo: um boi para uma pessoa representa um amontoado de proteínas que irá alimentar muitas pessoas; outro vê no animal uma força de tração importantíssima para o seu trabalho; um terceiro já o descortina como lazer nas canchas de touros, nos estádios lotados de laçadas e vaquejadas e assim sucessivamente. E essa percepção é dependente do valor simbólico que a pessoa atribui para uma determinada coisa ou objeto. Mais, o símbolo é a base da comunicação. Sem símbolo não há comunicação e sem comunicação não há conhecimento.

Estas formas, repetimos, de ver e sentir os símbolos, é que é metanóia.

Dois fatores influenciam a relação do homem com seu semelhante: o primeiro é a preparação em saber ouvir e não só ser ouvido; em não querer brincar de sistema solar e ser o sol, uma vez que este relacionamento está envolto em condicionantes psicológicas e sociológicas. Psicológicas quando, por estrutura, o self aceita agregados igualitários e não subordinados escravos como parceiros, isto é, em Maçonaria Irmãos e, segundo, sociológicos quando no enfrentamento das relações sociais são estas vistas como comunicações que se estabelecem entre agentes coletivos, mediados por meios, não só materiais, mas, e principalmente, afetivos.

Cada pessoa, na sua individualidade, tem uma história de vida e vive procurando no passado os momentos de glória, realização ou de fracasso e frustração, como se a história fosse a responsável pelas positividades e negatividades do homem. O diagnóstico e terapia são um só: não olhar para o passado e caminhar resoluto para frente onde repousam os grandes sonhos, as enormes imagens e os gigantescos símbolos. O passado só serve para fins pedagógicos em mostrar o caminhar da humanidade e do homem singular. Para nada mais serve. Muitos dizem: vamos tirar o exemplo, os conselhos e os ensinamentos da história. Nada disso, quando nós queremos nos espelhar num fato ocorrido na Idade Média não podemos transpassá-lo para o Terceiro

Milênio, pois o momento e a conjuntura são, totalmente, diferentes. Como usar o Pombo Correio quando a comunicação do século XXI é virtual?

Agora propomos balizar o nosso entendimento numa segunda matriz. Vamos a ela.

A Maçonaria, para exercer no todo o princípio metanóia, necessita agregar no seu conteúdo pedagógico uma base poética que nada mais é do que o encantamento inaugural do Maçom. Sim, é no dia de sua Iniciação que o Mestre-de-Harmonia procura desenvolver todo o seu dom artístico e seleciona as melhores, mais expressivas músicas, para aquele momento lindo. Quem não se recorda de sua Iniciação? Quem não se recorda do dia do casamento, do nascimento dos filhos? Como é boa e bela a recordação dos momentos sublimes e elevada contemplação. É na música, na palavra e na cor que se matizam fórmulas de aceleração de nossos sentimentos, acionando todos os sentidos e nos tornando racionais úteis.

A poesia, atualmente, com o avanço da tecnologia – informática e telecomunicações – se concentrou no poema, na música e na cor a ponto de se confundir com eles, apossando-se do nome, quer pela forma, pelas virtudes e pelas limitações, conjunto que lhe dá um conjunto e uma composição ilimitada. Este conjunto está, não só próximo, mas junto com o Grande Arquiteto do Universo, pois faz parte do princípio criador. O princípio criador é a poesia, pois traz em si, guarda em si e exalta em si a vida. Está contida, armazenada e serve para fecundar e fertilizar nossa capacidade cognitiva e nos despertar para formas concretas e ao mesmo tempo abstratas, formas estas que ultrapassam o visível e se fixam no éter.

Metanóia é a forma do homem não necessitar de provas físicas para ver, sentir e cheirar.

Metanóia é um pedido que cada um faz aos seus sentimentos, para que veja a beleza das flores, mesmo, como disse o poeta, que estas enfeitem a morte, e enderece seus sentimentos ao todo visível. Sim, a Maçonaria procura através de Símbolos mostrar a seus Obreiros os caminhos libertos e igualitários, produtos de suas específicas e singulares imaginações, para que possam sentir além do corpo material a doçura de uma vida sadia, alegre e feliz. Devemos ter presente de que nos libertando da morte – sentido abstrato – é que nos autoconcedemos o honroso privilégio, através do sensível, de passar pelo eterno e nos identificar com a poesia que nos revela o mistério de pensar diferente. Pensar de forma metanóia.

Para o Maçom que se adestrou em pensar e agir de forma metanóia, a ritualística e a liturgia maçônica nomeiam o sagrado. Estranha esta afirmação? Seguramente não, pois quem não compreende de forma metanóia nada vê, não sente a pureza do sagrado e não enxerga que na própria poesia maçônica centra-se o pó da vida; a beleza exposta do inédito. O Maçom sente os poderes criativos, não só da economia, política e cultura, mas justaposto a estes, o poder das montanhas, pedras, mares, vales, animais, do corpo e das coisas suscetíveis ao toque, ao olhar exato, tudo para passar a existir a partir do momento em que foi Iniciado, em que ganhou a inspiração de uma nova linguagem e quando começou a nomear o que vai para além dos olhos e o fizeram ouvinte dos primeiros poemas.

Metanóia traz para o homem o poder do não-esquecimento, o deslembrar dos instintos e lembrar de que é um produtor e um criador. Cremos que quem entende Maçonaria pelo processo metanóia, compreende a gênesis da civilização, do homem e seus domínios. A linguagem transcende o seu objetivo de comunicação pura e simples para se introduzir, fixando-se, no conhecimento. Estabelecido o enlace Maçonaria pela forma metanóia, o Maçom fica capacitado a desvencilhar-se do susto dos momentos iniciais e se capacitar para nomear o desconhecido, de captar na linguagem a essência maçônica inexplicável e de corporificar em palavras o sagrado.

Metanóia mostra que educar é ensinar a pensar e não apenas obter conhecimento. Quem pensa com profundidade adquire o hábito e desenvolve o ***conhecer***, pois pensamos muito pouco sobre o que conhecemos. Aprender a pensar é decisivo para nos situar automaticamente no interior da sociedade do conhecimento e da informação. Caso contrário seremos simples caudatários dela, condenados a repetir modelos e fórmulas que se superam rapidamente. Para pensar maçonicamente precisamos ser críticos, criativos e cuidantes, trinômio alimentador metanóia.

Uma das formas de aspirar a poesia contida no processo metanóia é assimilá-la na adormência da realidade cotidiana, obviamente em momentos fugazes, porque ninguém vai conseguir viver na utopia de que é possível uma entrega total aos mistérios insondáveis da Arte Real. Porém, é possível que se sonde o mistério todas as vezes que nos abrimos em alegrias diante de palavras, sejam elas proferidas por crianças, ainda distanciadas do vício racional do *estar certo*, sejam elas proferidas por Maçons inquietos, que sempre expõem a linguagem de forma inteira: seu lado luminoso e suas sombras.

Como fizemos nos capítulos anteriores, apresentaremos 5 mandamentos para que em todo Grande Oriente, toda Grande Loja, toda Loja, todo Triângulo, em cada Obreiro, Aprendiz, Companheiro ou Mestre, resplandeça o modelo, forma, princípio, construção pedagógica, chamada de METANÓIA.

1. Não veja no outro um espectador, mas sim um ator; não veja um consumidor mas um produtor; não dê para o outro um pão, mas o ensine a plantar o trigo. Na Loja, insista: você, meu Irmão, é capaz, faça e ele não sabendo que é impossível fazer tal coisa, vai lá e faz.
2. Não insista e nem coaja o Irmão a entender o que você entende. Deixe o teu Irmão, mesmo que ele seja Aprendiz, ligar e religar tantas vezes que desejar a sociedade com as suas opiniões. Insista mesmo para que ele dê a interpretação que achar melhor para certo fato ou coisa.
3. Ninguém é dono da verdade. A tua verdade é tão verdadeira como a verdade de teu Irmão.
4. Não pense que, por serdes doutor, sabes mais que teu Irmão.
5. Lembre-se que somos *livres pensadores*.

Maçonaria – uma Prática Ahedonista

Temos insistido que Maçonaria é uma só. Não existem duas ou mais Maçonarias. Não existe a Maçonaria Escocesa, Adonhiramita, Moderna, Francesa e assim sucessivamente. Estes são Ritos e Rito nada mais é do que uma simples didática para transmitir a pedagogia maçônica. Entretanto, existem muitos tipos de Maçons: os que demandam e os que não demandam esforço mental. Essa é a postura que chamamos de hedonista e a conceituamos como Maçonaria gerada, nascida e desenvolvida pelos dirigentes e não pelos Maçons. Este é o primeiro erro: a Maçonaria deve brotar, fecundar, crescer e desenvolver dentro de cada Obreiro e não ser recebida como coisas acabadas e aceitas, finais, conclusivas e dogmáticas.

Equivocam-se aqueles que afirmam que os Maçons só se encantam com coisas fáceis, conhecimentos que estão nos Rituais.

Sempre temos dito que os Maçons são investigadores

famintos por mistérios e procuram na ritualística e liturgia a fonte destes, pois o que é necessário e importante ao mesmo tempo é a opção pelo abstrato que requer toda a atenção de quem quer ser Maçom, de quem não está Maçom, mas é Maçom. Em Maçonaria, todas as idéias e todos os ideais são abertos e todas as hipóteses são válidas, porquanto somos libertos em pensamentos e ações.

Cada Maçom, seja Aprendiz, Companheiro ou Mestre, deve ter o seu ideário cognitivo, o seu norte para saber o que quer apreender, entender e praticar. Não é lícito ao Grão-Mestre, Venerável Mestre e Obreiro algum roubar dos Maçons o prazer invulgar e único que lhes brinda a inteligência e a sensibilidade de compreender os ensinamentos desta grande Escola do Conhecimento, que nós propomos seja alicerçada num Estado uniderma e numa compreensão metanóia.

Necessariamente, é a Maçonaria freudiana, porque, confessamos, tem muito de Freud. Suponhamos que o Maçom está pensando profundamente no sentido e na importância onírica da Maçonaria. Aí ele vincula o princípio freudiano. É preciso lembrar, relembrar que a Maçonaria é feita, operacionalizada pelo processo metanóia, o qual sintetizamos no capítulo anterior, que nada mais é do que aceitar o real como um sonho e partir dele para fixar as metas. Vamos capturar a essência dos sonhos, provocar e povoar nas nossas Sessões Econômicas, Magnas, Especiais e Públicas da sensação lírica, fluída, sublimada, colorida, cheirosa do subconsciente.

Já insistimos e continuamos insistindo que Maçonaria é uma fábrica dos sonhos, imagens e Símbolos, assunto que abordamos no capítulo segundo deste livro, e isto não é mentira, mas sim verdade pura.

O que é necessário, impositivo, é que o Maçom deve saber o que está fazendo.

Repetimos pela enésima vez: em Maçonaria, há tudo que apreender e tudo a ser apreendido. Em paradoxo: em Maçonaria, há pouco a ser ensinado, isto porque há necessidade de que o Obreiro entenda que ele é o professor e provoca o seu autoconhecimento, isto é, sua autopoiésis. Este é o processo ahedonista, que em termos magros quer dizer: você, meu Irmão, é capaz, vá em frente.

Mas como fazê-lo? Se quisesse explicar ou ensinar algo pelo processo hedonista seria muito difícil, mas como o que buscamos são sensações, basta ter a mente atenta e o espírito aberto. Só isto. É só praticar metanóia.

Vamos explicar melhor e sejamos mais didáticos. As obras dos Maçons não são feitas para serem decodificadas, unicamente, através dos caminhos da reflexão, mas por meio e com a ajuda importantíssima da intuição, que não é outra coisa que a mente e o coração trabalhando em conjunto, ou seja, deixar a razão envolver-se com as emoções.

Além disso, o ensinamento desta fantástica Escola do Conhecimento tem uma saída muito limitada como ahedonista, enquanto como hedonista ela é recebida como uma idolatria. Novamente devemos explicar: não devemos fomentar uma Maçonaria hedonista, a qual no início conceituamos como Maçonaria gerada, nascida e desenvolvida pelos dirigentes, mas sim uma Maçonaria ahedonista, que é uma Maçonaria desenvolvida pelos Obreiros, pelos construtores, estes pedreiros Aprendizes, Companheiros e Mestres. Maçonaria ahedonista é uma homenagem ao Maçom e à Maçonaria que, com suas luzes e formas, se agigantam sobre os fundos infinitos, constituindo uma paisagem leve e que leve ao nirvana.

Confessamos que estamos sendo, por nossa consciência e cognição, forçados a realizar tantas mudanças que, ao final, nos custa senti-las como algo nosso e acabado. Que bom que em Maçonaria nada é nosso e nada está acabado.

O Maçom é gênio. Todos os Irmãos são gênios. Se não forem gênios não podem ser Maçons. Assim pensamos porque ele é o ser mais próximo da perfeição. As suas obras e as suas ações crescem sem horizontes com o passar do tempo, como também acontece com os anjos. E todos nós Maçons, como atores, devemos descer do palco e ir sentar na nave, como se fôssemos espectadores inexperientes, porque é impossível aprender tudo o que a Maçonaria nos ensina.

Ela, a Maçonaria, envolvendo os Maçons, forma uma arte inimitável que chamamos de real – arte real.

Na forma ahedonista os trabalhos da arte real, os personagens – Maçons –, se convertem espontaneamente em outros. Como chamaria esse processo: possessão ou transformação que nada mais é do que metanóia. Diríamos que a ação metanóia é muito mais Maçonaria se aliada à prática ahedonista, pois o Maçom pode dar, para um determinado fato, a explicação que mais lhe agrade, desde que acredite que estas mutações sejam reflexos justificados dos princípios e fundamentos maçônicos. Preferimos não explicar o fenômeno, reservando e deixando este direito para cada Irmão que está a fazer abstração desta, repetimos, prática ahedonista. Asseguramos que vão lhe ocorrer melhores teorias do que as nossas desenvolvidas até agora.

De onde tiramos estas idéias? As idéias são formas e

práticas ahedonistas que provêm das imagens, das vontades, dos desejos e das aspirações estéticas. O que o Maçom deve fazer para praticar a arte ahedonista é se instalar na poltrona favorita, ficar calado, com o consciente focalizado, com toda a atenção, nos desejos à espera da contagem regressiva para poder realizar o mais sublime de seus sonhos. Assim nascem as produções cognitivas e intelectuais em geral. Esperamos ver todos os Irmãos sentados longas horas em suas poltronas de couro negro e cair em sono profundo viabilizando os seus sonhos e com isto exercendo a prática ahedonista para visualizar qual será o seu próximo grande projeto na compreensão freudiana desta, repetimos, fantástica Escola do Conhecimento.

É possível para um Maçom que foi Iniciado pensando em ruptura fazer da Maçonaria uma produção que ele considere experimental? Obviamente que sim, se utilizada a prática e a metodologia ahedonista. Vamos a um exemplo. Já temos esboçado uma obra com a qual desejamos encerrar nossa produção literária maçônica: o real maçônico. Trata-se de um livro ou livros, absolutamente experimentais para nós, já que é linear e simples, mas nunca foi escrito. No papel de escritor não deve o Maçom figurar como demônio que ronda por entre mistérios e criar personagens sádicas, mas sim como anjo a dar vida a personagens que amem a justiça, perfeição e a liberdade, com igualdade e dentro da estrita fraternidade.

Mas ahedonista não é uma ação, e sim uma prática que valoriza o homem e é pressuposto básico de seu autodesenvolvimento, como também seu desenvolvimento social. A base educacional, o conhecimento, o direito de estudar e a capacitação técnica e metodológica da atual e das novas gerações de Maçons para a realidade da Maçonaria

O DESAFIO DAS MUDANÇAS, inserido dentro de um mundo em constante mutação, constitui-se no maior desafio da Sublime Ordem neste início de milênio. Todas as práticas de difusão, complementação, atualização e aperfeiçoamento maçônico, são muito importantes para o resgate da verdadeira Maçonaria, perdida a partir do término do primeiro quartel do século passado. No entanto, a construção de um Estado Maçônico UNIDERMA, de uma ação METANÓIA e a prática AHEDONISTA trazem de retorno a verdadeira essência de uma Maçonaria nova, pois os fundamentos e os princípios da Aliança são os mais dignos e eficazes meios de promover a reforma da Sublime Instituição.

Mas por que estamos situando no término do segundo quartel do século XX o momento em que a Maçonaria universal, principalmente a brasileira, perdeu o seu norte? Vamos fazer um enorme esforço e partir para a tentativa da resposta. É neste período que o mundo começou a assistir as grandes transformações tecnológicas e metodológicas. Na política, o aparecimento e o comparecimento de doutrinas extremadas de direita e de esquerda, e nas artes a representação das angústias humanas, todos esses fenômenos passaram a exprimir o imaginário de uma época. A cultura tecnológica, cuja explosão ainda está em marcha, apenas começava a potencializar-se enquanto realidade, com o aparecimento dos primeiros transistores. As imagens que fundamentaram essa mudança acompanham a sociedade ocidental desde os mitos mais distantes e perpassaram também pela literatura e atingiram em cheio a Aliança Maçônica.

Vamos nos aprofundar mais neste momento para melhor compreendê-lo. A ficção científica nasceu no contexto da Revolução Industrial e consolidou o cientificismo, no qual máquinas, robôs e viagens espaciais a conviver com seres humanos. Surgiu como gênero literário definidor da sociedade contemporânea – o cyberpunk, cujo termo reúne a idéia de cibernética, desenvolvida somente na década de 50 do século passado, ao movimento rebelde anti-social dos punks, estes originários dos anos 60 do mesmo século. Trata-se de uma forma nova de ver o mundo a partir dos anos 20 do século XX, que combina um enfado com novas tecnologias e metodologias e o desdém pelas formas convencionais de utilizá-las. Como todo movimento cultural, o cyberpunk também atingiu a Maçonaria, que absorveu o seu modo de pensar e agir. Este movimento foi o filho mais novo e herdeiro de uma tradição literária que veio do romantismo dos séculos XVIII e XIX, sobretudo dos cantos góticos e de horror, séculos e cantos estes que viram surgir e estabelecer a Maçonaria Especulativa, a qual conservou forte resistência operativa, porquanto foi, igualmente, filha mais nova e herdeira da tradição e tradução da arte de construir, esta de tecnologia diminuta, mas de elevada metodologia na, repetimos, arte de construir, pontificado do saber de então. O *gótico* porque atentava para a sublimidade; para os extremos e a violência da condição humana frente ao mundo em constante transformação. O *horror* apresentava o encontro com o gótico, num misto de fascínio e rejeição, atração e medo, tudo pelo aparecimento da máquina que consumia combustíveis fósseis e anos mais tarde dotados de inteligência artificial, consubstanciada, atualmente, na informática e na robótica.

Além do romantismo, a literatura cyberpunk guarda origens no simbolismo, no surrealismo e no existencialismo.

Todos estes movimentos literários têm como foco um

sentimento de desencanto do mundo, em que verdade e absurdo parecem indistintos. O conflito homem versus máquina, seja pelo medo da dominação ou pela euforia, e o questionamento a respeito da origem e da existência humana, constituíram os fios condutores da trilogia – produção intelectual, produção tecnológica e metodológica e origem do homem – que recebeu o nome inglês de matrix. Esse misto de medo e adoração que gerou e está ainda gerando histórias é, ao mesmo tempo, contra e a favor da tecnologia; admite ou nega completamente a origem da existência humana num Princípio Criador; e, o mundo é morada ou simplesmente passagem, isto é, páscoa. A sociedade dividiu-se em opiniões e comunistas de um lado e liberais do outro, passaram a tecer críticas quanto ao Princípio Criador; digladiaram-se quanto à produção intelectual, incorporando ideologias, mas uniram-se quanto à tecnologia e, em contrapartida, mutuamente, utilizaram os e dos efeitos especiais, comprovando ser impossível escapar sem eles. Neste momento histórico, matrix gera e fomenta ideologias de extrema direita – o fascismo e o nazismo.

Por outro lado e duas décadas após, cyberpunk começa a apresentar questões filosóficas de ordem moderna, nos remetendo à dicotomia cartesiana de mente/corpo, na qual a mente pura apresenta um desprendimento puritano do corpo, sendo este um acidente de percurso. A doutrina ou a escola, como quiserem, cyberpunk passa a questionar as hierarquias humanas, propondo uma diminuição nas diferenças, as quais alcançaram seu apogeu com a escravidão que teria terminado no século XIX, mas que, com mais ênfase, disfarçada em patologias sociais, como o desemprego, fome, analfabetismo, doenças, etc., estavam nivelando os humanos aos animais andróides. Havia e há ainda um desdém em relação ao físico, uma fascinação com as formas pelas quais a carne é irrelevante comparada com a memória.

Em matrix, corpo e mente encontram-se desprendidos e há uma glorificação da mente enquanto elemento superior ao corpo; afinal, é através dela que são acessados os mundos dentro e fora da própria matrix. A ciência procurou sair do corpo e se fixar na mente, descobrindo que esta desencadeia e comanda as ações de luta entre o mental e corporal, provando a superioridade do psíquico sobre o físico. No campo metafísico assistia-se a discussão entre essência e existência, que em matrix foram rotulados como hardware – parte mecânica e física do computador ou engenho eletrônico – versus software – que, com seus circuitos integrados ou impressos, corresponde à parte inteligente; são os programas ou aplicativos – que marcaram o fim da memória privada. Estes dois elementos, hardware e software, nada mais são do que metáforas para a memória humana. Nesse sentido, as universidades e as instituições tecnológicas nada fizeram para preservar a memória humana e passaram a apoiar o que cyberpunk estava propondo.

O comportamento coletivo desencadeado pelo movimento cyberpunk ocasionou alterações comportamentais, às quais passamos a relacionar algumas, poucas mesmo, e assim mesmo de forma sintética:

1° – Falta de interesse pela reprodução biológica. O interesse pelo sexo só aparece fora da matrix para deleites e orgias. A taxa de natalidade, fertilidade e fecundidade começam a cair nos países europeus e, no final do século, em todo o mundo;

2° – Há possibilidades de mundos paralelos – os mundos de dentro e de fora da matrix passaram a ser cada vez mais divergentes, passando das contradições para os antagonismos, como: ocidente versus oriente – União Soviética e Aliados ocidentais; norte versus sul – nações ricas versus nações pobres; fundamentalistas versus espiritualistas – fundamentalismo islâmico versus outras religiões;

3º – O ciberespaço é apresentado teologicamente e conceitos religiosos permeiam a trilogia com o intuito de mostrar matrix como uma entidade simbólica e mística;

4º – Começam a haver sátiras sobre o capitalismo e o comunismo.

Com a utilização extensiva dos meios de comunicação para divulgar fatos, atos e idéias, o final do século XX transforma-se no grande paradoxo de matrix e de toda a cultura cyberpunk. Neste momento surge o século XXI que não consegue despovoar os deuses da tecnologia e da metodologia e os mesmos deuses usam destes recursos, em tempo real, como estratégia de mídia para promoção de seus egos. É só olhar os acontecimentos destes poucos anos do Terceiro Milênio e concluir que o paradoxo matrix, incrustado em ciberpunk, está cada vez mais vivo e redivivo da ação das nações ricas, despovoando os deuses da tecnologia e mostrando que esta, aliada à metodologia, é um produto que critica os usos da tecnologia pela sociedade e ao mesmo tempo utiliza-se das estratégias de mídia nela existentes para se promover. Em termos de estética cyberpunk destacam-se dois pontos fundamentais: a cidade e o personagem. O primeiro, a cidade, cada vez mais fechada, engessada, poluída, num desordenado e não planejado crescimento; e o segundo cada vez mais inseguro, medroso, de visão vitoriana, cada vez mais vivendo em termos temporais e menos em espirituais, claustrofóbico, qual robô quebrado por formas de néon.

Mas, por que esta análise no meio deste capítulo

intitulado AHEDONISTA? Simples, muito simples. Porque se reveste numa tradução doutrinária; imaginária para uma época; visão diferenciada do mundo; origem simbólica; a negação do Princípio Criador e tantas outras declinadas que ordenam a prática maçônica neste momento histórico da humanidade.

O grande desafio é garantir que, numa sociedade marcada por grandes desigualdades, os estratos sociais mais pobres devem ter a mesma oportunidade dos estratos mais ricos, garantia que o princípio maçônico da igualdade seja implementado e preservado.

Ao negarmos o princípio da igualdade de oportunidades, estamos negando um dos valores fundamentais da sociedade maçônica.

Ao retirarmos daqueles que nasceram em ambientes de matrix e de toda cultura cyberpunk uma das principais ferramentas de ascensão social, a educação, estamos minando o espírito de todos os fundamentos maçônicos. É importante evitar que esta Escola do Conhecimento seja gerida como uma fábrica ou uma repartição burocrática qualquer, assim como a idéia oposta, de que ela é tão-somente um coletivo de pessoas voltadas para a busca do saber e da verdade, também é incorreta.

Insistimos, vamos buscar legitimidade e não controle.

No capítulo deste livro sobre Metanóia, afirmamos que um dos elementos do trinômio alimentar dessa ação é a crítica. Na prática Ahedonista a crítica comparece no universo *cyberpunk* como evento e no seu contexto biográfico, social e histórico. Vejamos. Todo o conhecimento envolve um interesse específico e este é o gerador e o construtor de ideologias que são formas de justificação e também de encobrimento de nossas ações e práticas.

Ser crítico é tirar a máscara dos interesses escusos e trazer à tona conexões ocultas.

Toda crítica, quando boa também é autocrítica. Com ela é aberto o espaço para um conhecimento melhor correspondente ao real sempre cambiante. Pensar criticamente é dar razões para aquilo que queremos e também implica situar o ser humano e o mundo no quadro geral das coisas e do universo em evolução. Lembremo-nos que Maçonaria é pensamento evolutivo.

Somos criativos quando vamos além das formas convencionais e construímos maneiras surpreendentes e diferentes de expressar a nós mesmos e de pronunciar o mundo; quando estabelecemos conexões novas, introduzimos diferenças sutis, identificamos potencialidades da realidade e propomos inovações alternativas consistentes. Criativo é o Maçom que dá asas à imaginação e que sonha com coisas ainda não ensinadas, novas e reluzentes, mas sem esquecer a razão que nos segura ao chão e nos garante o sentido das mediações.

Somos cuidantes quando prestamos atenção aos valores que estão em jogo, atentos ao que realmente interessa e preocupados com o impacto que nossas idéias e ações podem causar nos outros, principalmente se estes forem Irmãos. Somos cuidantes quando não nos contentamos apenas em classificar e analisar dados, mas quando discernimos através deles, pessoas, destinos e valores.

Isto é prática Ahedonista.

Maçonaria Vanguardeira

Temos insistido que a Maçonaria não pode se afastar de seus princípios, fundamentos e, principalmente, de sua essência. Não deve assumir os abusos da vanguarda, a falta de critérios, a busca desenfreada pelo novo. A Maçonaria deve observar e preservar os Princípios Gerais da Ordem, The Old Charges, os Landmarks, os ensinamentos e a didática de sua realização e liturgia. Estes volumes infindos de ensinamentos formam o conhecimento universal maçônico, razão pela qual conceituamos que Maçonaria é a maior ESCOLA DO CONHECIMENTO que o gênio humano até aqui produziu.

O que não podemos admitir é a inércia, o enclausuramento e o engessamento que se quer, atualmente, atribuir à Maçonaria. Ela necessita acordar, despertar, enfim, assumir o papel que a sociedade está a reclamar, mormente após a globalização, quando perdeu seu rumo, e seus valores estão sendo canalizados pelos escoadouros sombrios e velados dos desencantos humanos, que impedem a transformação da vida. Por esta razão, nos capítulos anteriores, falamos de um Estado Maçônico que chamamos UNIDERMA; de uma ação maçônica que identificamos como METANÓIA e de uma prática maçônica que denominamos de AHEDONISTA.

Neste capítulo pretendemos singularizar o assunto, pousando sobre quatro aspectos afirmativos:

- **por primeiro** – que saber Maçonaria é saber estimular-se a si próprio e estimular os demais Irmãos, isto é, formando um moto contínuo, cêntrico e ascendente;
- **por segundo** – é sonhar e acalentar sabendo que o mundo não é nosso, mas ter a grandeza de saber que nós é que pertencemos ao mundo e dele, não só podemos, como devemos participar;
- **por terceiro** – que a gana da transformação, transportação, transmutação, não só envolve o Maçom no seu recolhimento interior, mas o leva, conduz e orienta a ganhos materiais, pois não somos renunciantes da prosperidade econômica, financeira, política apartidária e da cultura em geral, mas levitadores de uma vida melhor, à procura de padrões cada vez mais mobilizados e estratificados; e
- **por quarto** – que a crise é latente, mas não patente.

O conhecimento, em todos os sentidos e setores, é cada vez mais competitivo. Enquanto no mundo dos negócios ele está atrelado às condições de mercado, em Maçonaria assume foros de mercado diferencial, isto é, pensar na elevação do viver, o que gera resultados espirituais e materiais positivos. Quem pensa pequeno, não sabe pensar grande; aquele que nada sabe não pode ser Maçom. Meditem...?

O mercado do conhecimento é um verdadeiro campo

de batalha, desprovido de padrões ou normas regulamentadoras, a exemplo do mercado conjuntural que é normalizado e regulamentado pela lei da oferta e da procura.

Todos os dias os produtores intelectuais necessitam colocar uma armadura de guerreiro e saem ao combate tentando provar que suas idéias, suas dissertações e teses estão corretas. Esta sanguinolência, felizmente, não atinge a Maçonaria, e se atinge, o produtor intelectual não é Maçom. Por quê? – Vamos decodificar:

- O Maçom é um eterno investigador das coisas complexas à procura da verdade e não um agente provocador de desalentos que possam fertilizar qualquer competição – isto é procedimento ahedonista.
- O Maçom é um eterno colecionador de vitórias, e no embate não conhece adversários, uma vez que todos os guerreiros são fraternos, libertos e igualitários Irmãos – este líder educador envolve-se na ação metanóia.
- O Maçom não se resguarda atrás de um humor irônico, mas sim na frente de seu templo interior donde descortina as plácidas e verdes colinas que funcionam como mecanismos de defesa de seu centro nervoso – este centro é a vida.
- O Maçom é líder e ser líder é não gerar o conflito, mas sim o amor. É saber e ter presente que somente as luzes é que cobrem, com seus reflexos, a natureza, e os Obreiros sabem muito bem onde procurar a luz – este é o conhecimento.

Depois destas colocações, as quais reputamos iniciais e necessárias, podemos descrever o que entendemos por MAÇONARIA VANGUARDEIRA dentro da matriz O DESAFIO DAS MUDANÇAS.

MAÇONARIA VANGUARDEIRA nada mais é do que partir de sonhos, imagens, Símbolos e esperanças, para deles traduzir metas que construirão uma Maçonaria diferente, mobilizada, cheia de conquistas e sucessos.

Mas como fazê-la? – É partir para o trabalho que começa à meia-noite e termina neste mesmo horário no dia seguinte, quando começa outra jornada, não conhecendo derrotas e tendo forças suficientes para carregar no ombro aqueles que fraquejam nas asperezas da estrada, lançando mão de todos os recursos, de todos os meios, desde que éticos, morais, legais e estéticos.

É ter convicção que o Maçom gosta de trabalhar em sua Loja, tanto administrativa e financeiramente, como em Sessões Econômicas, Magnas e Especiais. É ter certeza que ele não realiza este trabalho por mera obrigação, mas o faz por satisfação e prazer, objetivando o engrandecimento do seu grupo. Isto é trocar de idade.

Para essa consecução, necessita de motivação. Sim, a palavra-chave é motivação. A motivação remove o mundo. Nada, nada produzimos, sem motivação. A conquista daquele Grau pode ser um sonho; a apresentação daquele trabalho pode ser um desejo; a ascensão àquele cargo pode ser uma aspiração; a realização daquela meta comunitária pode ser uma vontade, mas tudo só pode ser aglutinado se houver motivação.

Uma MAÇONARIA VANGUARDEIRA é aquela em que o Neófito entra despertado pelo que foi cativado no dia em que recebeu a luz; aquela que com serenidade apresentou, seqüentemente, nas Sessões seguintes, suas espontaneidades, serenidade e seriedade e mostrou que o mundo maçônico é diferente daquele exógeno envolto em barulho e confusão.

Só há motivação no trabalho.

Uma Loja desprovida de um objetivo reitor, de um plano de trabalho, de uma ordem do dia bem preparada e elaborada, não sustenta qualquer motivação. O sintoma desta patologia é a baixa freqüência nos trabalhos e o volume de quite-placets que chegam, por vezes, a igualar aos placets de Iniciação. Mas a Loja não quer admitir o diagnóstico de desmotivação e parte para uma terapia errada. Reúne vários Irmãos para visitar o Irmão ausente, com o objetivo de não perdê-lo. Concede favores tais como descontos por alguns meses na captação, se a alegação for por questões financeiras; releva algumas faltas, se a alegação for acúmulo de compromissos e assim sucessivamente. O que a Maçonaria ganhou com isto? Diante do primeiro fugidio, o Maçom deixa de pagar e freqüentar. Não somos capazes de reter nossos Obreiros simplesmente porque não os motivamos. Não os motivamos porque não temos uma proposta concreta que envolva este objeto. Podemos ter idéias, mas não temos ideais.

No capítulo MACROFÍSICA DA REFORMA iremos apresentar o Planejamento Estratégico Motivacional – PEM, o qual poderá ser usado pelas Lojas e Potências com o objetivo de manter acesa a chama da mobilidade maçônica.

Voltemos. Vejamos um exemplo que sustentamos há muito tempo. Os sábios dos séculos anteriores ao XIV acreditavam e pregavam o geocentrismo, isto é, o Sol gira em torno da Terra. Apareceu Copérnico e defendeu o heliocentrismo, isto é, a Terra gira em torno do Sol. Os homens de saber ficaram escandalizados com tamanha barbárie ou heresia e com o rompimento da auto-estima universal.

Como? Nós terráqueos não somos o centro do mundo? Absurdo! Interveio a Igreja e colocou Copérnico no banco dos réus e foi julgado pela Santa Inquisição como herege. Perguntado se confirmava a tese que a Terra era mais um planeta, entre tantos, que compunham o Sistema Solar, Copérnico respondeu negativamente e publicamente afirmou que a Terra era o centro do sistema. Absolvido, perdoado e libertado, eis que foi interpelado: como ousou negar a tese que veementemente sustentava, ao que Copérnico respondeu: por que hei de morrer por uma idéia? Só se morre por um ideal. As idéias são efêmeras e passageiras, mas são os ideais que ficam, igual ao Sol que garante a vida na terra. No mundo maçônico não é diferente. Não podemos acreditar que o sucesso na aceitação da Sublime Ordem gire em torno de um Rito. O Rito não é o sol, o Maçom motivado é o sol. Não acreditem, Irmãos, em Maçonaria vanguardeira que não traga dentro de si um objeto motivador. Não vamos diminuir o tamanho da Maçonaria para que ela fique competitiva. Não vamos transformá-la num clube para que seja mais interessante. Não vamos sublimá-la pela expressividade das vestimentas para torná-la atraente. Estes ingredientes levam a um lugar comum: a falência e a dormência.

Também não é lícito pensar que Maçonaria é um negócio, uma atividade mercantil que transforma matérias-primas em produtos acabados. Não, Maçonaria não é negócio, mas um pensar contínuo e ascendente que transfere conhecimento do estoque de cada Obreiro para todos; uma Loja que não é comercial, mas presta serviços para seus Obreiros e para a humanidade.

No mundo não-maçônico os empresários e os gestores procuram um tipo de negócio que é representado por uma empresa única. A empresa única, como o nome diz, não possui similar. É, portanto, líder do mercado. Na Maçonaria, os dirigentes e os Maçons procuram um conhecimento que não é propriedade de ninguém, mas sim, pode e deve ser compartilhado entre todos, não só de sua Loja, do seu Oriente, de sua Potência, mas para os homens livres da Terra.

Estamos vivendo um momento combinado entre economia e tecnologia, e Maçonaria se vale da tecnologia para difundir seu conhecimento, o que confere um novo jogo com regras antigas. Maçonaria, neste sentido, incorpora-se a algo que é valorizado materialmente.

A maneira como concebemos a Maçonaria influencia de maneira significativa nosso comportamento como pessoa e nossas atitudes para com os Irmãos em geral. É bom que saibamos que Maçonaria única é liderada por pessoas que enxergam o mercado, o cliente, as oportunidades, a equipe e os resultados, mas não enxergam a universalidade e a fraternidade que devem raiar em todo o universo.

Descobrir o tipo de Maçom que está dentro de nós, eis o grande desafio e isto só acontecerá se você estiver muito próximo de Irmãos. Lembre-se que estamos numa nova era. O nosso valor é conseqüência de um bom trabalho que realizamos em Loja e na comunidade, onde podemos nos projetar como *socius*.

Um dos elementos de motivação é a Iniciação.

Ela deve ser vibrante, entusiástica, de respeito ao iniciando, desprovida de atos de violência, de ações compulsivas, mas que ofereça espetáculos inesquecíveis.

A peça teatral que se desenvolve na Iniciação, não podemos esquecer, é simbólica, razão pela qual devemos imaginar que os Irmãos na Sessão Magna de Iniciação devem se portar como atores, como uma equipe de teatro e cada Maçom como um artista, um ousado ator. Precisamos oferecer espetáculos inesquecíveis. É como subir no palco, dar um grande *show* e no final da cena ser ovacionado pelo choro não revelado do Neófito.

Mas se desejamos formatar e desenvolver uma MAÇONARIA VANGUARDEIRA, motivacional, pujante, forte, desenvolvida, progressista, não podemos nos iludir e nem ser palhaço de sentidas e contidas ilusões. Vamos então aos atos e aos fatos – ao real.

A Maçonaria, como já mencionamos nos capítulos anteriores, não só do Brasil, mas de toda comunidade latina e, por que não, do mundo todo, encontra-se mergulhada em profunda crise. A crise que envolve a Aliança Maçônica não é conjuntural, como pensam e pregam alguns, mas especialmente estrutural, pois a globalização está dividindo, está mais, fragmentando o sentido de vivermos juntos, termos alma própria e desposarmos das mesmas emoções e sensações. A sociedade holística acabou com o sentido comunitário para transpor o mundo numa aldeia global. O desfecho, ninguém tem dúvidas, pode representar uma tragédia, não só para a Maçonaria, mas para todas as instituições, todos os institutos e, principalmente, para as nações, os países. Esta tragédia terá o desfecho devastador como apresenta o teatro grego, mas para as instituições, no caso a Maçonaria, se alimentada por uma ação vanguardeira, este desfecho será de drama, cujo termo levará à bem-aventurança, como a liturgia maçônica nos ensina. É a opção que a Sublime Ordem tem que decidir: ficar com a tragédia ou com o drama.

O que pretendemos com este livro é fazer um despertar de consciência de que estamos nos acercando do momento em que devemos nos decidir, pois a crise não poderá passar de drama para virar tragédia coletiva. Desde o advento do existencialismo a vida é entendida como processo permanente de crises e de superação de crises que atingem todas as instituições, mesmo as mais conservadoras, como a Igreja e o Estado, razão pela qual a história, envolta e sublimada por rupturas, cisões e retomadas, possui uma estrutura de crise, que obedece a quatro lógicas, diferenciais e fecundáveis entre si:

1. A ordem dominante deixa de realizar o que o clamor social aspira. Em outras palavras, há distância entre o discurso e a prática;
2. Começa a crítica à prática e a percepção se transforma em sensação e esta em certeza de que um muro se levanta à frente, passando a reinar a dúvida, o cataclismo, o desconforto, a intranqüilidade e a crítica;
3. Advém a decisão de criar no organismo social novas certezas, em todos os sentidos, alinhando o discurso à prática;
4. Tomada a decisão, mesmo sob risco, abre-se um novo caminho e outro espaço para a liberdade.

Assim alinhadas, as quatro lógicas mencionadas nos mostram que sem decisão não há saída para a crise. Mas como decidir se a visão é conjuntural e não estrutural? É só praticar, no caso maçônico, uma ação metanóia, uma prática ahedonista, fertilizadas pela Maçonaria Vanguardeira, conjunto que supera a crise e permite começar uma nova ordem.

Agora uma verdade é imanente: a crise representa a purificação de oportunidades e de crescimentos. É um renascer. Vamos perpassar o significado da palavra crise, começando pelo Sânscrito que é a matriz da língua portuguesa. Em Sânscrito a palavra crise vem de *kir* ou *kri*, que significa purificar, lapidar e limpar, como também crisol, elemento químico com o qual é limpo o ouro das gangas, e acrisolar que quer dizer depurar.

O que houve até aqui foi a necessidade de mostrar que a crise representa um processo crítico de depuração do cerne: só o verdadeiro e substancial fica, o acidental e agregado desaparecem e a partir do cerne se constrói uma outra ordem. O cerne, na Maçonaria, é expresso pelos fundamentos, princípios e sua essência e é a partir dessa trilogia que se reconstrói a verdadeira MAÇONARIA VANGUARDEIRA, repetimos, pujante e forte.

Concordamos que todo o processo de purificação só se faz com cortes e rupturas, daí a necessidade de decisões seqüentes e rítmicas, avaliando o momento e a conjuntura. A *de-cisão* opera uma cisão e neste conjunto, com essa fecundação, inaugura-se o novo, com o mesmo cerne. Mas devemos ser mais enfáticos e procurar ajuda na língua grega sobre o sentido da palavra crise. Em grego, *krisis* significa a decisão tomada por um profissional, seja ele um juiz, médico, engenheiro, etc.. O juiz pesa e sopesa a solicitação, o requerido, o contraditório, e o médico faz, a partir de exames e dos sintomas, o seu diagnóstico, e ambos, respectivamente, emitem a sentença e apresentam a terapia para a doença. Este processo de decisão (de-cisão) é chamado de crise. Consultada a Bíblia, esta menciona o vocábulo crise muitas vezes, mas sempre no sentido de decisão.

A Maçonaria não pode então, para ser verdadeira, protelar suas crises. Atualmente protela por vários fatores: falta de liderança, ausência de discurso e bandeira e, pior, pela perda total do objeto, o que lhe era farto num passado não muito distante, daí certos Maçons viverem das glórias maçônicas passadas, da história pretérita e ser, a Aliança Maçônica, taxada de instituição velha, alquebrada, sonolenta, amorfa e pertencente a um passado que não volta mais. Sim, a Maçonaria vive fazendo conciliações a pretexto de manter-se presente no mundo globalizado. Esta conciliação está levando ao seu desaparecer, à sua morte. Mas, por trás, talvez até na frente dessa conciliação está a ideologia da preservação dos privilégios da elite dirigente. A Maçonaria sempre se propôs a realizar sua missão histórica. Conseguiu? Relativamente. A partir do terceiro quartel do século XIX, quando se aliou ao Estado não-maçônico, perdeu seu norte e os seus dignitários assumiram parte deste mesmo Estado. Atualmente não consegue fazer coortes e nem cortes estruturais, para inaugurar um novo tempo.

A revolução maçônica não ocorreu a seu tempo, mas urge ocorrer.

Só se fazem ajustes que preservam a lógica conservadora da base, permitindo políticas para manter, tradicionalmente, a ritualística e a liturgia. Lembremo-nos do que disse Platão em meio à crise que abalou a cultura grega: "As coisas grandes só acontecem no turbilhão da crise".

Necessitamos, urgentemente, formatar, fertilizar e fecundar uma Maçonaria Vanguardeira para vencer a crise e:

1. Trazer a motivação do Maçom para freqüentar sua Loja; participar de sua Loja e desenvolver a verdadeira Maçonaria;
2. Uma Maçonaria para ser Vanguardeira necessita ser motivadora e uma vez motivadora ela é atuante;

3. Uma vez atuante parte para os sonhos, as imagens e os Símbolos, fixando as metas e com ela o objetivo reitor;
4. Como decisão, o turbilhão e a crise desaparecem e nascem novas esperanças.

Falamos de uma MAÇONARIA VANGUARDEIRA no O DESAFIO DAS MUDANÇAS, avocando a motivação, passando pela Iniciação e não sucumbindo na crise. É isto mesmo, sem disfarces e nem máscaras. Mas um dos pontos maiores, o pico, o cume, o ápice da vanguarda, está, queiram ou não os maçonólogos, no **poder**. Vejamos sinteticamente, uma vez que as discussões, digressões sobre o poder têm começo, mas não têm fim. Mais parece com uma periódica, um moto contínuo, o próprio infinito.

O poder não é só humano, mas está presente em todos os animais e, atualmente, estudos existem, procurando colocá-lo no reino vegetal. Contudo, o poder é coincidente e conseqüente do ontológico, isto é, do ser enquanto ser. Portanto, qualquer discussão, análise e tese sobre o poder não podem separar o ser do poder, mas infere um estudo simultâneo: ser e poder. O ser está no mundo e é o mundo, enquanto o poder é o próprio ser gerindo o mundo. Não é, metodologicamente, possível o estudo do poder sem nos valer dos axiais, isto é, dos diferenciais, dos cortes, dos coortes axiológicos.

Por primeiro – O poder não é uma relação, mas sim uma fecundação que fertiliza ou não. O poder não é só do Estado que, por suas leis gerencia, obriga e impõe; não é só da polícia que cerceia, prende e vigia; não é só da economia e das finanças que produzem bens naturais; não é só do ensino que produz bens simbólicos. Poder é mais: a fecundação entre os seres – as pessoas – e os institutos e as instituições sociais. Todos os humanos são portadores de poder na medida e em conseqüência de suas respectivas influências nas relações sociais, que são vínculos que se estabelecem entre os agentes sociais. São ações sociais que no seu conjunto formam a interação social. As ações sociais são maneiras de agir, sentir e pensar de modo coletivo. Mas tenhamos cuidado! Elas são sociais no agente que as reproduz, como não são sociais, quando não são modos de agir socialmente. Por conseguinte, a sociedade é um conjunto de relações e ações sociais e, assim, é a única fonte originária do poder. Não está sobre, sob, ao lado, na transversal, do lado de fora da sociedade, mas sim dentro, incrustada, no âmago, no coração da sociedade e só tem existência real em razão e em função dela.

Por segundo – O poder reina absoluto e não é parte, instância, fração ou divisibilidade de direção, gestão ou mando. O poder é uno e indivisível, contudo, em segundo grau pode haver *n* divisões deste mesmo poder, divisões estas que convivem em harmonia ou não, são independentes ou não, autônomos ou não, mas que no todo formam um poder somente. A forma *una* corresponde ao Estado ou um dos institutos dentro do Estado. Reafirmamos que mesmo sendo solidários entre si, os poderes de segundo grau, estes não se articulam entre si, mas sim se fecundam entre si. Poder é um jogo de interesses e cada um investe no poder que julga melhor alcançar dentro do menor prazo possível. Para operar o poder e assegurar sua unidade e fecundação, a sociedade, sob nomes diferentes, instituiu instâncias de coordenação, gerência e direção. Assim, em nível federal, o exercício do poder é exercido por um presidente, primeiro ministro, imperador, rei, etc.. Em nível privado, o presidente ou diretor geral de uma empresa. No caso, na Maçonaria, o poder é exercido por um Obreiro, normalmente eleito por seus pares, que recebe, quanto à Potência – um Estado –, o nome de Grão-Mestre e em nível de Loja – uma unidade –, o nome de Venerável Mestre ou Mestre de Loja. Infere-se e é real, que numa sociedade singular, como a brasileira, por exemplo, existem vários poderes difusos que se cristalizam em autonomias – o governo, a igreja, as instituições econômico-financeiras, político-partidárias, as instituições culturais, a Maçonaria e tantas outras. Cada um desses grupos, na medida em que se institucionaliza e ganha coesão interna, necessita de um pólo de animação, coordenação e, para crescer, de motivação, com o que o poder ganha vitalidade. Se esta coesão for uma simples relação – princípio que já negamos – e não permite a fecundação, transforma-se em algo formalizado e estabelecido que, com o tempo, mais ou menos elástico, fossiliza e desaparece. Entretanto, se houver fecundação entre o instituto social e o agente, este tende a crescer. Mais, se o poder é ahedonista, ou seja, se ele brota de cada membro da sociedade e não de uma cúpula, haverá, sem dúvida, uma fertilização e se concretiza a fecundação e com ela o nascimento, o crescimento e o renascimento. Convencidos estamos de que o poder está na sociedade e não é um fim em si mesmo. O poder é sempre relacional e sua cristalização está na razão direta da complexidade da sociedade considerada. Uma sociedade tradicional, rural, primitiva, artesanal, é a que menos poder necessita. Este poder, normalmente, é inelástico, messiânico, espiritual, paternalista e exercido por uma estrutura unitária e patriarcal. Quanto mais complexa, contraditória e mesmo antagônica for a sociedade, como um estado com alto grau de desenvolvimento, uma nação mobilizada e estratificada, mais forte se torna o centro do poder.

Por terceiro – O poder, historicamente, é exercido por efeitos compulsivos, ou seja, o uso de armas, exercício do medo, da insegurança, do caos, da convulsão, da desagregação e da persuasão. Mesmo que tenham surgido sob a égide da coordenação e da proteção da sociedade considerada, o poder tem uma dinâmica irrefreável de expansão e de auto-segurança, isto porque o poder se alimenta, embebeda, conspira e se delicia com o próprio poder. Em outras palavras, o poder quer sempre mais poder e, ao contrário, perde poder até deixar de ser poder. Em função desta lógica, o poder reclama por alianças com outros poderes e aí começa outra batalha, até que o maior poder absorva o menor. O que aconteceu? Distancia-se, afasta-se, o poder, de sua fonte, que é a sociedade, e tenta sobrepô-la, em outras palavras, o poder tende a sobrepor-se a sua fonte originária que é a própria sociedade, advindo um Estado ou um instituto social, ditatorial, absolutista ou, em dose menor, oligárquico. A sociedade, em tempo variável, dependendo de sua cognição, percebe seu afogamento e submissão ao poder e parte para a reconquista deste, o qual persegue até sua morte. Esta plástica é irreversível e faz parte de uma profunda racionalidade do homem que, pela perda de seu poder, torna-se irracional e parte para o conflito político, ideológico ou revolucionário. A partir daí, reinicia-se o ciclo de aceleração em que a sociedade vai buscando, com o poder, cada vez mais poder, até que, novamente, a sociedade, enfraquecida por tanto aspirar poder, seja por ele subjugada. Freud discorda desta nossa tese, pois para ele o poder está no prazer que é a pulsão central da psique.

Este conflito entre o poder e a sociedade; poder e o instituto social, invariavelmente, tornam o poder refém. As respostas, por mais estudadas, nunca foram suficientes para explicar esses conflitos, essas cisões, porquanto são dependentes dos momentos e das conjunturas em que se inserem na sociedade primitiva ou complexa. Muitos dirão que é decadência da vida humana. Comprometemo-nos em não aceitar essa determinante, pois o homem não é decadente, mas é o poder da sociedade que o fez decadente. O homem é bom, solidário, fraterno, pugna pela igualdade, mas é a sociedade que se esquece da natureza criada, conferida e doada e aquece o poder grupal, isto é, de poucos, das minorias e das miopias.

Depois desta digressão estamos prontos para apresentar uma das receitas para fomentar que a Maçonaria Vanguardeira é ser *cuidante*. Ser cuidante é saber distinguir entre contrários; saber optar quando estabelecemos prioridades e aceitamos processos. Em outras palavras, cuidante é ser ético, pessoa que coloca o bem comum acima do bem particular, que se responsabiliza pela qualidade de vida social e ecológica e que dá valor à dimensão espiritual, importante para o sentido da vida. Maçonaria Vanguardeira é formada de cuidantes, estes Maçons que estão envoltos com as cidadanias plenas e disponíveis para uma sociedade que sempre se renova.

Maçonaria Vanguardeira é criar tal tipo de Maçom.

Reforma Maçônica

Quando Martinho Lutero patrocinou a reforma que recebeu seu nome – embora protestasse formal e energicamente, porquanto não admitia tamanha heresia –, cisão ocorrida no século XV, a partir da Igreja Católica Apostólica Romana, e criou a Igreja Luterana, hoje dividida em dois grandes sínodos, ocorreram modificações significativas nos fundamentos e nos princípios da Igreja Cristã. A marcante diferença na essência é quanto à eucaristia. Nesta, a Igreja Católica afirma, ao apresentar a Taça Sagrada, ou seja, o Cálice: *este é o sangue de nosso Senhor Jesus Cristo*, etc., etc., enquanto os luteranos não só apresentam o Cálice, como oferecem o vinho, afirmando: *isto significa o sangue de nosso Senhor Jesus Cristo*, etc., etc. Entre *é* e *significa*, evidentemente existe uma diferença muito grande; entre *tomar* e *mostrar*, a distância é maior ainda. Ainda na essência, outras contradições e mesmos antagonismos são evidentes, mas não objetos deste livro. As contradições são de ordem mecânica como a liturgia, a ritualística, a permissão dos pastores casarem, o tamanho das igrejas e sua ornamentação, as ostentações, a presença e a ausência de Santos, e assim sucessivamente. Mas qual o grande antagonismo indutor da reforma? Foi a contestação dos dogmas católicos; paralelamente, o renascimento cultural humanista, as insurreições da nobreza, as rebeliões camponesas, a expansão do mercantilismo e do sistema colonial e as guerras entre as monarquias européias, tudo aliado à cobrança, pela Igreja Católica, de esmolas – termo da época –, em forma de dízimo, para a construção do Vaticano. O que os reformadores do século XV objetivavam era a reaproximação da Igreja ao cristianismo primitivo, isto é, os ensinamentos de Cristo e seus apóstolos, uma vez que os papas exerciam poder espiritual e temporal ao mesmo tempo. A ostentação mecânica deu lugar à humildade orgânica. Houve, portanto, REFORMAS. Não vamos entrar no mérito se procedentes ou não, pois este não é o construto, repetimos, deste capítulo e deste livro.

A Igreja, a Maçonaria, como todas as instituições, são flexionadas por institutos sociais sobredeterminados ideologicamente, mas produtos de realidades. Esses institutos sociais não surgem por geração espontânea, mas são produtos de fecundação, fertilização e geração e no seu curso histórico se alteram, tomam formas diferenciadas, tanto na sua estrutura, como no seu entendimento. Em todas as instituições crescem, de maneira constante, mecanismos que incidem sobre sua estrutura e sobre as pessoas que as compõem. Repetimos: a compreensão e o entendimento do mundo trazem embutidas as suas ideologias, pois o que se vê, sente e ouve e o que não se vê, sente e ouve, fazem parte da mesma dinâmica universal. A grandeza humana está na capacidade de compreender e entender que existe uma consciência que transcende a matéria e que produz relações sociais concretas, que são – as relações sociais – vínculos que se estabelecem entre agentes coletivos, mediados por meios materiais, ou seja, há troca. O modelo reformador impulsiona o homem à transformação contínua do instituto social construindo nele e sobre ele, tendo presente, sempre, o vencer e desenvolver. A dimensão do mundo, da humanidade, é a dimensão de seu conhecimento, isto é, de sua cognição, de sua transformação, uma vez que nada se cria, tudo se transforma. Nesta transformação surge a história e são os homens, somente os homens é que fazem história, uma vez que esta necessita ser codificada e decodificada.

A Maçonaria, esta fantástica ESCOLA DO CONHECIMENTO, apresenta *modos* de organização, enquanto as demais organizações apresentam *formas*. Enquanto os modos multiplicam sua ação didática por ritos e liturgias, as formas são expressas por organogramas e fluxogramas. Por esta razão insistimos em dizer que a Maçonaria foi concebida pela genialidade do homem em produzir. Entretanto, todas as organizações, sem exceção, têm seus motores centrados na política, economia e cultura, razões pelas quais são produtos da natureza. O objeto de cada instituição é variável. Umas destinam-se ao lucro, produzindo bens naturais; outras ao poder, produzindo efeitos compulsivos e, terceiras, produzindo bens simbólicos que é a cultura. Neste caso está a Maçonaria que, como objeto reitor, tem *em si* e *com si* a formação do homem e a felicidade deste. Observamos em tudo que existem e coexistem construções intelectivas que trazem em si a geração da eficiência, do conforme e da determinação do ontológico. Na produção, a

Maçonaria, desde os tempos em que se configurava como operativa, mas e principalmente na sua fase especulativa, sempre sublimou, conspirou mesmo, pelos ditames do engrandecimento humano. Este engrandecimento teve na Maçonaria o seu ditame: Liberdade, Igualdade e Fraternidade. Liberdade para todos os povos, independente de raça, origem e condições sociais; Igualdade, no sentido de diminuir todas as distâncias sociais possíveis; e Fraternidade, para que procuramos chegar a ser um só. Nesta trilogia repousa a mais fantástica de todas elas que foi a reconstrução democrática, pois ela é circundante das três – Liberdade, Igualdade e Fraternidade.

Não existe democracia final e acabada.

Ela é evolutiva e conquistável, embora embaçada de perdas e ganhos através dos tempos. A democracia representativa foi uma conquista em que a Maçonaria deixou sua marca, principalmente após a participação marcante de seus membros no movimento iluminista. A reforma maçônica que estamos propondo, entretanto, não aceita a democracia, simplesmente, representativa, mas a quer participativa. Estar representado não é o bastante, não é o ideal. O bastante e o ideal são que o Maçom e todas as pessoas não mais sejam espectadores, mas sim atores. As pessoas não mais aceitam só aplaudirem, elas também querem ser aplaudidas, isto é, desejam fazer parte ativa do cotidiano, mesmo que ele seja impetuoso e quente. As instituições sociais, governamentais ou não, têm e devem estar perto do povo e ouvir o seu clamor. Ele deseja ser partícipe privilegiado e opinar em todos os segmentos, desde a educação de seus filhos até os destinos da nação. Ele deseja ser o fiscal do seu entorno – onde foi parar o dinheiro dos impostos que pagou? Por que os governantes são fisiológicos?, enfim, este sem número de patologias que conspiram contra o estado de direito.

O Estado Maçônico e o não-maçônico, em todos os tempos mantiveram, nos pequenos intervalos democráticos de seu curso histórico, somente a democracia representativa, mas não a participativa. No caso brasileiro, e para não generalizar, em toda a América Latina, o poder foi sempre localizado territorialmente e enfeixado em pouquíssimas mãos. As oligarquias mandam e desmandam, como se os institutos públicos fossem atividades privadas e individuais. Este tipo de democracia é, exatamente, igual às ditaduras. São cobiça e pretensão de ver o poder sustentado por familiares, em sucessão mobiliária, transformando-se em condomínio fechado e particular.

A Maçonaria nesta proposta de DESAFIO DAS MUDANÇAS deve partir da reforma do Estado Maçônico, conforme já descrevemos no capítulo específico deste livro e o qualificamos como ESTADO UNIDERMA. O preço desta reforma pioneira é fazer a reengenharia do Estado Maçônico, da ação e da prática maçônica que intitulamos, respectivamente, de ESTADO UNIDERMA, METANÓIA E AHEDONISTA. Não basta descentralizar a execução. O que deve ser feito para que a reforma seja reforma, é transformar o todo em deliberação. Não estamos nos atendo somente a um discurso, a um rótulo, mas sim mudando conceitos. Voltamos a insistir: não devem ser *idéias*, mas, sobretudo, *ideais*. Um conceito transformado em ideal é o mais forte e potente poder democratizante. É um conceito de Estado para o terceiro milênio.

O Grão-Mestre, no seu ideal, não abre mão do poder, resguarda a decisão, mas a submete, democraticamente, à deliberação coletiva. Deixa de ser um solitário mandatário, para ser um envolto líder. Só com a deliberação coletiva é que o ideal trafega, perpassa e fecunda toda a sociedade considerada, ou seja, atinge todos os Obreiros. A reforma não exige unanimidade no ato deliberativo, mas aceita o contraditório como participação e crescimento, o que infere compreender as demandas políticas, brotadas na base. Dessa postura participativa renasce uma nova sociedade que se auto-organiza com independência e solidariedade. Não há grupo, comunidade ou mesmo sociedade que possa viver independente e isoladamente. A sociedade holística e globalizada necessita para o seu desenvolver, de mecanismos de auto-ajuda, cujo elo são os meios de comunicação e cooperação.

A participação reduz a oposição, pois está centrada na abertura da demanda democrática, reflexo da liberação da imaginação e do símbolo, cheia de conteúdo. Tudo contribui com o todo que pode ser realimentado a cada instante.

A reforma somente é possível se praticarmos uma verdadeira reforma, uma vez que é a prática que aperfeiçoa qualquer modelo e no aperfeiçoar surgem modelos condizentes com o momento e a conjuntura em que vivemos. Para vencer as diversas etapas da reforma, temos que suspeitar de todas as contradições e antagonismos e resistir às tentações de um passado que sempre se insinua em forma de uma Maçonaria forte no passado e frágil no presente.

Agora é necessário abrir um novo parêntesis, quando falamos de dois temas tão complexos – Maçonaria e Reforma. Ela, a Maçonaria, a partir da década 20 do século passado, quando seus membros passaram a exercer relativas cumplicidades com dirigentes governamentais ditadores, outros procuraram dar um foco reformador na filosofia maçônica, tentando conciliar liberalismo e marxismo a partir de uma dicotomia bem clara: antiliberal em política e anti-socialista em economia, mas não conseguiram unir teoria e prática, pois duas décadas seguintes, quando estas idéias ainda não estavam maduras, foram, no Brasil, sufocadas por uma ditadura ainda mais ferrenha. Como não havia uma produção teórica acabada, este pequeno período não permitiu uma intensa e produtiva aproximação de todas as Lojas Maçônicas e seu entusiasmado ativismo nem chegou a ir para a clandestinidade, mas forçou seus mentores a abandonarem a Sublime Ordem e procurarem acolhida em partidos políticos de centro-esquerda e centro-direita que foram formados, que a literatura sobre os partidos políticos no Brasil descreve com suficiente profundidade.

Não esqueçamos: teoria + prática = essência

Assim, nesta tentativa de reforma, repetimos, no Brasil, a Maçonaria, por seus membros, passou a reunir um contingente privilegiado de pensadores políticos no início do século 20, que foram, com os italianos e franceses, os grandes inspiradores de toda a esquerda democrática ocidental. Destes pensamentos e das produções intelectuais destes Irmãos é que nos aventuramos a proclamar um exercício sobre política e direito no conceito da Arte Real, que são distintos e específicos para as categorias fundamentais da Maçonaria, como, por exemplo, liberdade, igualdade e fraternidade, direita e esquerda, liberalismo e democracia.

Na REFORMA MAÇÔNICA aqui proposta como O DESAFIO DAS MUDANÇAS, não podemos deixar esquecido este referencial teórico, o qual sinteticamente iremos abordar no final deste capítulo. Conseguida esta prática, não temos dúvida alguma, será a Maçonaria elevada pelo auxílio da construção de uma pátria justa e mais perfeita e que todos os Maçons serão admirados como inspiradores significativos do pensamento democrático contemporâneo.

Em momentos cruciais para a consolidação dos valores sociais e humanos fundamentais, não pode a Aliança Maçônica depor as armas, mas continuar insistindo num dos ingredientes principais de sua construção teórica: a igualdade. Propomos que crie dois lados para a arquibancada política, dividida entre a direita conformada com uma desigualdade historicamente inevitável, e a esquerda formada por aqueles que acreditam que a desigualdade é produto de um modelo injusto e que pode ser superada através da solidariedade democrática e da justiça. Sempre acreditamos que os extremos – esquerda e direita – nunca gostaram ou quiseram a liberdade. Com a defesa dessa posição, a Maçonaria irá espargir, teoricamente, a liberdade como produto da esquerda democrática, deslocando-a de sua histórica posição junto à direita resignada.

Ao Maçom compete desprezar e se opor às posições radicais, como os fanáticos e os fundamentalistas, mas sim se fixar, ser moderado e adepto da máxima aristotélica de que *a virtude está no meio*. Como fazê-lo? Nunca se negar a discutir – se tiver conhecimento – e acreditar que a discussão é o âmago da evolução do pensamento, que leva ao conhecimento desta ESCOLA DO CONHECIMENTO, porquanto como escola perpassa o passado e o presente.

O leitor, a esta altura, estará perguntando a qual Maçonaria estamos nos referindo. A resposta é uma só: à verdadeira e única Maçonaria, que tem como objeto o aperfeiçoamento do homem para o exercício da cidadania, pela intervenção no mundo não-maçônico. Não nos esqueçamos que a Sublime Ordem foi concebida para ser a memória do tempo, analisando o presente, exercendo influência no presente, com base nos seus princípios e fundamentos, elo não só de reflexões, mas de ações de vida. A prática, contudo, não é de guerra e nem de usos de armas mecânicas. A prática é a da moderação e da tolerância, atributos que só a Maçonaria prega nos dias atuais.

O que a Maçonaria intervencionista deseja com esta reforma é que os Maçons querem uma sociedade aberta, na qual a superação dos contrastes de fé, de crenças, de doutrinas, de opiniões, deve-se ao império da áurea regra segundo a qual minha liberdade se estende até o ponto em que não invada a liberdade dos outros.

Voltamos. As cisões ocorridas na Maçonaria Especulativa, a qual tem seu marco inaugural no século XVIII, em todos os tempos e lugares, foram de ordem mecânica e administrativa, a maioria, senão todas elas, alimentadas por vaidades pessoais e decorrentes de eleições perdidas em que o Grão-Mestre desejava a manutenção de seu poder e prestígio, devido a sua preocupação excessiva com o envolvimento em disputas políticas, e, pior, embebido pelo despertar de uma ostentação mecânica. Em todas as cisões, sem uma só exceção, foram mantidos os princípios, os fundamentos e, principalmente, a essência maçônica; portanto, o que houve foi uma separação, chamada de cisão, e não uma REFORMA.

A partir do primeiro quartel do século passado, os Maçons de todo o mundo aspiram reformas e qualificam de inconsistentes as práticas maçônicas hodiernas e que estão servindo como base de sustentação da trepidante Maçonaria Universal. Por outro lado, certos Maçons estão impondo que a Maçonaria volte a ser templária e que não se afaste de sua construção mística, esotérica, polvilhada pela cabala e metafísica. Neste caso, a Sublime Ordem regrediria a um período que vai do século XII ao XVII.

Mas qual a formatação da reforma maçônica? Vamos dividi-la em itens e os contemplar:

1. **A Maçonaria não pode se afastar do pressuposto basilar que é ser uma instituição iniciática.** Este é o primeiro ponto reformador. A palavra iniciática é a chave da doutrina maçônica e não é lícito dar de presente para as igrejas, para os partidos políticos, em grau menor para as empresas e, principalmente, para as entidades culturais, o seu canto, encanto e gosto pelo sagrado; liquidar a volúpia interna de cada Obreiro, esgarçar o tecido social maçônico fundamentado pela fraternidade, deixar os Landmarks e The Old Charges a mercê de interpretações incorretas ou sem quaisquer interpretações.
2. **A Maçonaria é um Estado Uniderma.** Este é o segundo ponto reformador. Evidentemente esta expressão não está nos Landmarks e nem nos The Old Charges, mas foi o modelo que sustentou o Estado Maçônico até o segundo quartel do século XIX, quando este se travestiu em estado profano e criou um poder executivo exercido pelo Grão-Mestre; um poder legislativo com a criação de uma Poderosa Assembléia Legislativa Maçônica e um poder judiciário com seu Tribunal de Justiça e Tribunal Eleitoral. Uma Potência Maçônica, no Brasil, tem, inclusive, Tribunal de Contas. Devemos compreender que Maçonaria é um só tecido, somos todos Irmãos. Devemos, isto sim, ter um

Grão-Mestrado e um Colegiado. Este conjunto não legisla e nem julga, mas tudo delibera, formando uma só família, uma só egrégora, uma união. O Colegiado é formado pelo Grão-Mestre, Grão-Mestre Adjunto, Veneráveis Mestres ou representantes das Lojas.

3. **A Maçonaria é uma ação metanóia.** Este é o terceiro ponto reformador. Igualmente esta expressão não é encontrada na literatura maçônica, mas está clara e cristalina. Metanóia é uma maneira de pensar e agir maçonicamente e não profanamente. É não ter doutrina e nem dogmas. Qualquer instituição que tem doutrina faz com que os seus partícipes – membros –, fixem-se em doutrinas dogmáticas e não mais passem a exercer o seu conhecimento, mas sim o conhecimento de outrem, como verdades. Essa ousadia predatória é de inspiração fundamentalista e detém seu grande filo na chantagem, com todos os seus poderes; não tendo público para os escutar, mas multidões transfiguradas, chamadas de fiéis. A doutrina e o dogma adotam políticas que favorecem a exploração do conhecimento pelas camadas sociais desprovidas de *self*. Este filo não é e nunca foi maçônico, como a Maçonaria nunca foi, não é e não será religião, portanto, não tem doutrina, ideologia e dogma. Metanóia é ver e sentir o belo e não o feio, o perfume e não o ocre, em suma, a beleza, o amor e todas as coisas sublimes.

4. **A Maçonaria não aceita em seu Quadro pessoas que se identificam como ateus.** Este é o quarto ponto reformador. Não interessa à Maçonaria que

o espírito de Deus opere no homem. Este quadro pertence à Igreja. O que interessa para a Maçonaria é que o Grande Arquiteto do Universo produza uma experiência em nós; que O sintamos dentro de nós; que a Aliança Maçônica esteja envolta pela racionalidade, onde cada característica tem o seu lugar próprio na composição que chamamos de fraternidade. O Grande Arquiteto do Universo é o Deus dos cristãos, dos budistas, islâmicos, bramanistas, enfim de todas as religiões, independente de nomenclatura, mas também é o deus do amor, onde tudo está contido. O que a Maçonaria exige é que o Obreiro entenda que não somos única e exclusivamente matéria e um *Maçom é obrigado, por sua dependência a obedecer à lei moral; e se entender corretamente o ofício, jamais será um estúpido ateu nem um libertino irreligioso.*

5. **A Maçonaria é fundamentalmente especulativa.** Este é o quinto ponto reformador. Ela deu-nos o Rito como elemento didático e como linguagem materna; o direito de cultuar e interpretar segundo a nossa consciência; desenvolver a prática ahedonista na apresentação dos princípios e da essência maçônica; desenvolvimento das ciências. Portanto, estas quatro características devem estar presentes na pregação da Arte Real, e é a integração delas que vai produzir o seu caráter mais importante e singular, voltado para a fraternidade. A Maçonaria não trabalha com fé. Para ela, fé é confiança; ato de inteligência, adesão ao conhecimento. Fé é a resposta do conhecimento pela inteligência e o patrimônio intelectual das

verdades. Fé é uma convicção intelectual sólida. Não é opinião, mas sim certeza, convicção profunda que chega a ser um jogo de autoridade. A Maçonaria antes de ser especulativa passou por três fases: operativa, aristocrática e democrática.

6. **A Maçonaria é o despertar do homem justo e perfeito.** Este é o sexto ponto reformador. Tudo que foge do objetivo de transpor o homem à justiça e à perfeição, não é maçônico. A complacência e a irresponsabilidade de corporações, sempre insaciáveis de mais poder, não podem ser admitidas como maçônicas. Todavia, como ninguém respeita quem não respeita, a culpa pelo que acontece aqui e alhures, não é de um Obreiro singular, de uma Loja específica ou de uma Potência isolada, mas sim da Maçonaria como um todo. A opressão é consentida, e a força de quem obriga é a medida exata do grau de submissão de quem obedece. As cisões não reformadoras patentearam a corrupção cognitiva da Sublime Ordem. Precisamos ter presente que o homem é o ápice da cadeia evolutiva; é o motor do universo, e mais: é força responsável pela evolução e para conhecê-lo necessitamos transpor quatro passos: 1. a convicção na linha vital que aponta possibilidades; 2. as diferenças existenciais que acusam limitações; 3. o despertar da consciência cósmica; e 4. o estabelecimento da harmonia ética que eleva a onipotência do espírito.
7. **A Maçonaria é decisão e amor.** Este é o sétimo ponto reformador. A Maçonaria é Escola que deve impor sua volúpia e seus princípios, sustentada

por Obreiros abençoados e criativos e nunca reduzida à tarefa de engordar os já bem rechonchudos cardeais transnacionais. A Maçonaria foi criada para dar solução e manifestar-se por preferências. Foi erguida para apresentar autodeliberações entre alternativas, conjunto que exige o peso do argumento. É a lucidez que desmonta o fanatismo, as superstições, os autoritarismos, os tecnologismos e parte para a produção do conhecimento e da motivação. Produção que despreza o autismo, individualismo e a auto-suficiência. Nada mais do que o libertar do racionalismo e o elevar para o relacionamento e a sociabilidade. Mais, é a interação do homem consigo mesmo, tudo construído na solidão de seu trabalho interno. Este trabalho traz consigo a honestidade, integridade e competência.

8. **A Maçonaria é sinal de vida.** Este é o oitavo ponto reformador. O Maçom não é um deslumbrado e um manipulado, mas sim uma eterna esperança, um estadista potencial, um líder que não se transforma em pigmeu, pois é livre pensador e não um albergado com os prazeres da corte. É um Obreiro que compreende a transformação, a transmutação ao alcance transcendental, utilizando-se de três instrumentos de trabalho que transforma em atitudes: coerentes, conscientes e inteligentes. Ele necessita sinais para poder viver e sabe que a vida não é nossa, mas somos nós que pertencemos à vida. Sabe mais: que a cada instante é um novo iniciar, alvorecer e sinal que visa e avisa. Toda promoção, entre os Maçons, só pode ser baseada sobre o valor e o merecimento pessoal.

9. **A Maçonaria não é esquizofrenia tecnológica.** Este é o nono ponto reformador. Virtual não significa ter saído da coerção da matéria. As relações maçônicas não necessitam ser visíveis e palpáveis. Elas necessitam sim ser traçáveis e assimiláveis. O mundo passou do real para o virtual, do material para o imaginário, páscoa que a Maçonaria impôs pelo processo simbólico. O que é fundamental em Maçonaria é a conexão da matéria e o espírito. O mundo tecnológico espalha a singularidade e a Aliança Maçônica a pluralidade, pois somos todos Irmãos; em outras palavras, espiritualizamos a relação, para depois espalhá-la materialmente. As sociedades virtuais usam máscaras, dissimulam e enganam. A sociedade simbólica mostra a face, estimula e é, acima de tudo, verdadeira. A simbologia é denotada em Loja, lugar onde os Maçons se reúnem e trabalham.
10. **A Maçonaria tem, no poder civil e democrático, o seu indutor e construto.** Este é o décimo ponto reformador. A Maçonaria hodierna continua refém de suas próprias contradições endógenas. Há uma aceitação de que o Estado Maçônico não é discutido e nem deliberado e que os grandes problemas que a sociedade enfrenta não são considerados, menos descuidados, quando muito são tratados como política de observação. Assinalados líderes Maçons hoje defendem a aprovação de uma Maçonaria única, mas trazem dentro desse recipiente o ódio e não a conciliação. Os progressistas de todas as Potências estão sendo descarrilados por um governo que represente seu próprio pensar

e agir. Não precisa ser assim. Com o mínimo de coragem é possível iniciar a ruptura histórica. Se os Maçons desejarem algum futuro para si e para os seus, calcado na Maçonaria, deve iniciar um vigoroso movimento de resistência reformadora para não acabarem sendo síndicos do próprio prédio. Em síntese, a Maçonaria jamais está articulada em conspirações e conluios contra a liberdade, a paz e a felicidade dos povos.

MICROFÍSICA DA REFORMA

No capítulo anterior falamos sobre a REFORMA MAÇÔNICA neste embate do O DESAFIO DAS MUDANÇAS. Devemos insistir que a REFORMA MAÇÔNICA é assunto urgente, urgentíssimo, que deve ser matizada pela Maçonaria Universal, antes que perca, totalmente, o seu norte e possa voltar a cultuar os Princípios Gerais da Ordem, The Old Charges e os Landmarks, tudo dentro do entendimento e conhecimento transposto para o século XXI, ninho da moderníssima tecnologia e metodologia, às quais são atos, fatos, razões e incursões irreversíveis. Necessitamos compreender que o homem geral não tem consistência física, mas tão-somente cognitiva. O que existe é o homem singular chamado ou identificado como Antônio, Raimundo, José, etc.. Por esta simples colocação não podemos, como Maçons, considerar que somos o centro, a razão e o resultado final de todo o esplendor estético, ético, moral, o que nada mais é do que propensão inconsciente de nos considerarmos diferentes, o que, na realidade, não somos.

O homem não é o centro, a razão e o resultado do tempo.

O que o homem do terceiro milênio está a desejar é uma propensão animal que só pode ser estudada e compreendida pela psicanálise, como sendo o desejo, a vontade de perpetuar a espécie e se considerar o centro, a razão e o resultado do tempo. Esta afirmação não é no todo verdadeira e tem muito de ignorância. A verdade do homem não é perpetuar a humanidade como um todo, mas a si próprio, pois o homem singular julga-se, repetimos, o centro, a razão e o resultado do tempo.

Vejamos. Todo o discurso, toda a prática e pedagogia, sejam eles vindos da educação maternal, passando pela escola, pelo trabalho, pelas promessas e atos políticos, manifestações religiosas, nada mais são do que invenções humanas. Mas qual é a construção psicanalítica deste modelo? Este discurso, esta prática e pedagogia têm como princípio primeiro manter o grupo coeso para vencer as adversidades.

Seria ingenuidade do Maçom, da Maçonaria, admitir que o poder é apenas o político. O poder unicamente político, não existe. O que existe é o poder político-partidário e ideológico, o poder econômico e financeiro, o poder cultural com todos os seus matizes e inflexões, o religioso e das instituições organizadas. Outros poderes são os prosaicos, como do patrão sobre o empregado, do pai sobre o filho, do homem sobre a mulher, do padre sobre seus fiéis, do médico em relação ao paciente e até mesmo daqueles que dão esmolas, tudo reflexo desta crença não mais antropocêntrica, já que o humano quer sobrepor o humano, mas sim egocêntrica. Depois de tantas guerras, revoluções, massacres, genocídios e escravidões, que ainda hoje assolam o planeta Terra, provam que somos nada mais do que tribocêntricos.

O que existe e persiste, de fato, na Maçonaria Universal, é que queremos ser diferentes, pois acreditamos, divulgamos e nos intitulamos como diferentes, quando somos, totalmente, iguais, tudo centrado na louca paixão que nos é imposta pela genealogia da moral e da ética, de que o conhecimento maçônico é diferente, ou seja, não é uma invenção, mas sim uma construção e sempre considerando como sendo uma construção boa, das melhores possíveis. Devemos considerar que o bom e o mau também são invenções.

Se continuarmos com este discurso e esta prática, iremos cair, automática e irreversivelmente, no fundamentalismo. E os fundamentalistas Maçons querem transformar a Sublime Ordem numa religião, senão, numa igreja; outros, menos fundamentalistas, dizendo-se revolucionários, em partido político. Não faltam pistas que nos levam a esta afirmação em Maçonaria, porquanto a história é muito maior do que podemos imaginar. A história é o percurso da humanidade; é o espelho da humanidade.

Esta mesma história não mais aceita o eu, sujeito à moral inventada pela ascendência ocidental, branca e colonizadora, e nos mostra a todo o momento que o discurso do bom é tão ditador, cruel e basicamente opressor, do que todo o culto à maldade. Mais do que isto: o que os Maçons, que agora já têm alguns segundos de suas Iniciações, devem aprender conosco, é não se deixar levar pelo maniqueísmo simplório de que determinada atitude é boa ou má, branca ou negra, alta ou baixa.

Este reducionismo que cremos ser uma defesa, tal como o gato que eriça o pêlo quando está ameaçado, é o que determinou o tipo de Maçom que somos hoje. Opressores, gananciosos, bárbaros e vaidosos, prontos a atirar em outro Maçom, como se esta fosse a prática da Sublime Ordem.

É o homem mau que pratica atos violentos? Todo gesto ou ato que não seja fraterno não é maçônico e todo discurso de superioridade moral leva, irreversivelmente, à degradação natural do ontológico, isto é, o ser enquanto ser, pois quando afirmamos que somos bons e eles maus, estamos discursando sobre uma hierarquia moral inventada.

Como a história, infelizmente, é contada pelos vencedores, quem há de denegar que o discurso da bondade não é exatamente o discurso do mal? É hábito vivermos pelos outros, pensarmos pelos outros, espelharmos o discurso moral nosso para os outros, sabendo, mas desconhecendo, deliberadamente, que cada um de nós vive sua vida e consome a sua moral e sua ética, conjunto que forma a estética de cada um.

Devemos proclamar, pela terceira vez neste livro, alto e bom tom, que Maçonaria nunca foi religião, não quer ser religião e nunca será religião, motivo pelo qual a idéia de céu como paraíso, do bom, são mitologias, às quais não são, metodologicamente, provadas, mas sim admitidas como verdades pela fé. Existem várias crenças e cada uma é fundamentada – vem daí a idéia de fundamentalismo – em verdades inventadas. Ao contrário, as instituições que não são religiões, não têm crenças em um Deus singular e aí está o paradoxo, que é justamente crer no Deus que está dentro de cada um, pois o Maçom não necessita ser devoto a um Deus específico, como não pode ser um ateu estúpido, isto é, não crer em nada, nem mesmo no amor.

Portanto, crer ou não crer, ser bom ou ser mau, ser

branco ou negro, alto ou baixo, pobre ou rico, são invenções morais e crer nesta dicotomia é espalhar hierarquias, que são as responsáveis pela violência e pela forma, maneira, de nos odiar uns aos outros.

Muito mais significante é o fato de estar no mundo, ver o sol, abraçar o humano, chorar, rir, olhar o infinito, mergulhar no vazante das cachoeiras e ter a sensação da vida penetrando na pele, nos poros, enfim, viver muito além da idéia do bem e do mal.

Isto, é o que nos ensina a Maçonaria. Esta é a MICROFÍSICA DA REFORMA – voltar a viver. Voltar a viver? Como? – Fácil, muito fácil mesmo. Reacender em cada um de nós o desejo de construir, progredir e desenvolver. Tudo que é dito nos meios de comunicação é a deturpação de nossa possibilidade de construir com amor. O amor está sendo confundido com o prazer, desejo, vontades, interesses, atração física e, pior, pela própria paixão. O Maçom é um investigador faminto em busca da verdade, a qual não pode ser inventada, mas, sim, com conhecimento produzido. O conhecimento e a produção têm cor, tom, timbre, intensidade, gosto, visão do arco-íris com sua auréola multicor a nos encantar com o canto e nos cativar com sua sonoridade. A construção é a Escada de Jacó como concepção de que podemos chegar no topo, desde que nos propomos subir degrau por degrau. Não há avião, pára-quedas, que nos possa colocar no último degrau. Falamos, neste capítulo, do homem egocêntrico que desenvolve, em si, um conhecimento chamado concupiscêntrico, o qual é totalmente diferente do conhecimento maçônico que se centra na benevolência, o qual deseja o bem de *alter*, ou seja, do outro, assunto que iremos aprofundar na METAFÍSICA DA REFORMA.

O Maçom tem presente que a produção da filantropia

é diferente da produção teocêntrica. O filantrópico é humano, ou seja, humanitário, e o teocêntrico fundamenta-se no Deus cristão ou, por exemplo, em outros deuses, como Alá para os islâmicos. O que deve fazer a MICROFÍSICA DA REFORMA? – É desenvolver em áreas da personalidade de cada Maçom, um grau de maturidade na produção do conhecimento, principalmente naquelas em que ele encontra-se imaturo. Como identificá-las? Pela experiência, pois em certos momentos o Maçom sente-se um anjo e em outros um irracional. Entre o bem e o mal o homem balança e dança, num paradoxo e ambigüidades que permeiam a arte de produzir.

Em síntese: a produção da irmandade maçônica é o maior grau de produção, embora a produção-ágape seja o conhecimento na sua máxima expressão porque é doação de si, sem esperar recompensas, sem interesses, sem retorno material, visto que é dar a vida pelo Irmão. É o conhecimento que se deseja em benevolência, cuidando de *alter*, desenvolvendo para e neste o altruísmo; em outras palavras, disponibilizando, a cada momento, a compreensão e o perdão.

Falamos muito em produção. Repetimos que em Maçonaria nada se inventa e tudo é produzido e fique claro que exercer o ato de produzir é o centro, a base reitora da MICROFÍSICA DA REFORMA. Para exercer esta prática em Maçonaria devemos nos envolver em quatro exigências: o trabalho, a comunicação, a iniciação e o conhecimento, todos ingredientes maçônicos fundamentais.

Por primeiro – O trabalho. A sociedade, como organismo, tem órgãos para a sua produção, reprodução e perpetuação, em que um fenômeno não se explica só pela função, mas também pela causa; procura explicar as funções no meio cultural e social interno, este traduzido pelos domínios psíquico e social; e, os fenômenos sociais têm origem na estrutura total da sociedade considerada, conjunto que forma e significa a dimensão social da MICROFÍSICA DA REFORMA. Sem o conhecimento fraterno, aliado aos princípios fundamentais da liberdade e igualdade, a solidariedade, a transformação da realidade, não se consegue aquecer e nem conceber a MICROFÍSICA DA REFORMA, pois toda a sociedade é uma cultura singular e particular. A sociedade maçônica não é diferente e, conseqüentemente, forma um todo coerente e cada um de seus Obreiros só pode ser compreendido se referenciado ao todo. A unidade da cultura maçônica é a integração da própria Maçonaria. É mais. É o princípio de organização harmoniosa da sociedade maçônica em que tudo que existe é útil e necessário. O conhecimento na MICROFÍSICA DA REFORMA não é só para consolar cada Obreiro *per si*; antes, pelo contrário, é para dividir sua mensagem entre os pobres e os ricos, doentes e saudáveis, excluídos e incluídos. A promoção e o aperfeiçoamento humano são partes integrantes da MICROFÍSICA DA REFORMA. Que utilidades teriam os princípios maçônicos, neste início de milênio, sem a mudança dos critérios, dos valores, dos centros de poder? A MICROFÍSICA DA REFORMA é para a transformação do mundo, deixando-o justo e perfeito. Trabalho significa produção a partir do testemunho da solidariedade, dos gestos de fraternidade.

Por segundo – A comunicação. É a conseqüência objetiva que contribui para que uma unidade singular, como a maçônica, com plena consciência de seu ajustamento e sua adaptação, mesmo que latentes, isto é, voluntárias e inconscientes, oriente seu conhecimento para conseqüências desejadas ou não. A comunicação parece fácil, mas não é. Não sabemos nos comunicar, muito menos dialogar em nossas assembléias, seminários e reuniões ritualísticas. Os Símbolos para nós têm significante e, portanto, significados diferentes. O diálogo entre a Potência e a Loja; entre a Loja e o Obreiro; entre os Obreiros das diversas Potências, dos diversos Ritos, é difícil, como também entre lideranças e hierarquia da Maçonaria. O diálogo com as outras Potências ainda está longe de ser uma realidade como se fossem princípios, fundamentos e essências, totalmente, diferentes. Parece uma Torre de Babel que separou os escoceses dos adonhiramitas, brasileiros, yorquinos, franceses ou modernos, etc., dos demais, como se fossem linguagens antagônicas e em guerra. No lugar do julgamento, do preconceito, de agressão, da condenação, coloquemos a comunicação que significa respeito, encontro, diálogo, aceitação, cordialidade e que conduz à fraternidade. O diálogo apresenta inúmeros condicionantes: conhecimento mútuo, confiança recíproca, perdão e reconciliação, aceitação do diferente, cura dos preconceitos, abertura do coração, maleabilidade, flexibilidade, capacidade de escuta. A intolerância e estreiteza do coração impedem o diálogo e a comunicação. Comunicar e dialogar são exigências fundamentais para a MICROFÍSICA DA REFORMA.

Por terceiro – A Iniciação. A Iniciação é a relação direta entre o homem e a Maçonaria. É a homogeneidade epistemológica em Maçonaria, isto é, a Maçonaria se explica pela Iniciação, pois é uma escola iniciática. O resto é metafísico. A Iniciação é constituída por representações alegóricas, embora institucionais na Arte Real. Os fatos maçônicos são fatos mentais e a consciência de cada Maçom é diferente da consciência dos demais Maçons, isto porque não apresentam construção e nem consistência material. Iniciação permanente é anunciar a boa notícia do amor que deseja o bem da humanidade como um todo e não para grupos, comunidades, nações e sociedades específicas, tudo porque os Maçons amam e querem uma vida digna para todos, sem distinções de raça ou origem. Os não-Iniciados ainda não tiveram este anúncio ou se afastaram da Maçonaria e por isso esqueceram dos princípios e da essência da Sublime Ordem, necessitando de nova Iniciação. A sociedade moderna, holística e globalizada carece de iniciação, uma vez que as crianças, os jovens e adultos estão perdendo o contato com a dignidade, com a ética e a moral. Nossa cultura moderna e urbana está descriminante, paganizada e até desumanizada. Eis a urgência do anúncio, tanto nos centros urbanos como nas zonas rurais, nos países desenvolvidos e subdesenvolvidos. Os homens não iniciados perdem o contato com a retidão, a justiça e a caridade. Tudo necessita recomeçar e todo o começar é uma nova iniciação. A missão, neste O DESAFIO DAS MUDANÇAS, reside numa nova missão, chamada Iniciação.

Por quarto – O conhecimento. O conhecimento supõe escolha e, além desta escolha, o compromisso pela mesma, ou seja, viver fraternalmente com a humanidade e, principalmente, com os Irmãos, pois o conhecimento é um resultado coletivo e assim, a presença na Loja, nas atividades desta e da Potência, da sociedade em geral, é uma exigência do conhecimento maçônico. Devemos ter presente de que quem pensa não é o sujeito concreto, mas o trabalhador cultural e o Maçom deve ser, antes de tudo, um trabalhador cultural, delimitado pela prática da Sublime Ordem. Esta prática, normalmente, é dominante. Por quê? O conhecimento nos leva a praticar os fundamentos maçônicos, entendê-los na sua plenitude, a espiritualidade dos princípios, a vivência com os Irmãos, tudo traduzido em vivência com o conhecimento. Dentro deste cenário surge uma problemática, a qual é dominante, e impõe a sua lógica, pela união de seus Obreiros, a dinâmica de sua ação interna e externa – na Maçonaria e fora dela –, a ritualística e a liturgia, a solidariedade, tudo é conhecimento maçônico. A problemática é sempre de classe e o Maçom pertence a uma classe. Em Maçonaria a presença na Loja e o trabalho dos Obreiros, não são missões complementares, mas sim compromissos necessários. Os Obreiros unidos determinam a força para a ação, o objetivo e a missão da Sublime Ordem. Por outro lado, a missão reforça, anima, confirma a comunidade e comunhão com o Grande Arquiteto do Universo, comunhão com os Irmãos, comunhão com os diferentes, confere ardor para a missão e contempla no todo a comunicação maçônica.

A MICROFÍSICA DA REFORMA que estamos propondo, repetimos, é não nos considerar, como Maçons, o centro, a razão, o resultado final ou mesmo o resultado do tempo e os detentores privilegiados de todo o esplendor estético, ético e moral, fundamentação psicanalítica da pedagogia maçônica. A verdadeira psicanálise pedagógica maçônica, creiam, é manter o grupo unido, desprezando todo o maniqueísmo simplório e centrar o todo no amor. Como fazê-lo? Simples! São fundamentais para esta simplicidade, o que acima e retro foi partilhado: trabalho, comunicação, iniciação e conhecimento.

Feita a síntese, partimos para mostrar o que somos e o que deveríamos ser, razão da Reforma. Não adianta querer simplificar as coisas, pois o Maçom atual é o não-Maçom, o qual chamamos de Profano que diz, grita, proclama e enfatiza que em nosso tempo tudo é complicado, e na vida moderna a primeira lei a ser reconhecida é de que não existem certezas e não há simplificação possível. Errado. Em todo o curso da humanidade, desde o aparecimento do *homo sapiens* sobre a Terra, tudo foi difícil de ser vencido, tudo foi complicado e eivado de incertezas. A ciência e tecnologia, progresso e modernidade, cultura e institutos sociais múltiplos, vieram para trazer conforto, paz, prosperidade, enfim, felicidade para o homem, mas é ele que usa a ciência, a tecnologia e a metodologia para fazer a guerra, a destruição da natureza, semear o ódio e a morte. Cabe à Maçonaria o papel de descomplicar e fomentar a certeza. Toda a pedagogia prega e existe para complicar, irritar, assustar e estremecer nossas antigas e absolutas certezas, o que também não é maçônico, porquanto a Sublime Ordem prega exatamente ao contrário. Vamos vencer esta ideologia regressiva e covarde e sustentar a humanidade nos princípios maçônicos. Vamos vencer, é só querer. O discurso hodierno, no mundo não-maçônico, é horripilante com seus intérpretes, que se autoproclamam de modernos, mas não passam de recorrentes e aborrecidos escrevinhadores e funestos locutores de que vivemos a era da incerteza e sob o domínio da insegurança. Esta macabra ideologia só alimenta os fracos e não serve para os Maçons.

Mas os Maçons foram contaminados, aceitaram e vão morrer dentro dessa psicanálise pedagógica de que tudo é um pouco verdade e muita mentira. Mas, por quê? A conclusão óbvia de tudo é que vivemos na era do relativismo, pois se esquecem que o momento e a conjuntura são outras e que não podemos viver do saudosismo passado, uma vez que tudo pode ser e acontecer, como nada pode acontecer ou mesmo ser. Nesta MICROFÍSICA DA REFORMA devemos romper com o fácil e lógico, como os filósofos da pós-internet explicam em centenas de milhares de comunicações, procurando mostrar um mundo desfalecido. O DESAFIO DAS MUDANÇAS implica no renascimento do homem e no seu potencial de trabalho, comunicação, iniciação e conhecimento. O Maçom reformado entende que a cultura pós-moderna para a compreensão da era fáustica desta alvorada do terceiro milênio nada mais é do que a soma de todas as fraquezas e de todas as fortalezas deste contingente humano que habita, desproporcionalmente, a nau Terra. O pior de tudo é que se despeja uma ideologia de fraqueza ao invés de fortaleza, principalmente, nas cabeças de nossos adolescentes Aprendizes que, mais sábios do que nós Mestres, desistem, por antecipação, de compreender os mecanismos maçônicos e, num período inelástico de sua Iniciação, deixam, frustrados, a Maçonaria, requerendo o quite-placet. Quando falam ninguém os escuta e quando escrevem ninguém os lê e nem os compreende.

Mais ou menos assim caminha a humanidade, cada vez mais cética a respeito de tudo e mais convencida de que o mundo está mesmo de ponta-cabeça. Acabaram-se todas as certezas. Nada é para sempre. A MICROFÍSICA DA REFORMA exige que a Maçonaria prepare seus Obreiros para, repetimos, o trabalho, a comunicação, a Iniciação permanente e o conhecimento, e que geralmente tudo muda para o melhor e não para o pior. Mas, por que esta esquizofrenia do pavor? É pelo exemplo que as instituições estão em frangalhos, o cinismo absoluto da defesa de privilégios dos poderosos de cima, a falta de segurança pública, de emprego, saúde, educação, previdência, propriedade, em que os governantes pregam um programa e executam outro, exercendo a ortodoxia e o pragmatismo, aquele cada vez mais acentuado e este já banido de viver no III milênio. O enredo é da corrupção, bandidagem e maldade, onde não há limite algum para a transgressão. Não, o mundo é bom. É só querer vê-lo, senti-lo, cheirá-lo como bom. É fechar os olhos para a máxima de que a maldade leva a vantagem sobre a bondade; a mentira sobre a verdade; a deslealdade sobre a lealdade. É ter como princípio, meio e fim o trabalho justo e perfeito. Como tudo na vida é relativo, não podemos esquecer que o bem e o concreto são os que ganham quando batizados pelo trabalho, pela comunicação, Iniciação e conhecimento.

Não, não estamos sendo invadidos por legiões de bárbaros que querem transpor o mundo e dar lugar a uma nova Idade Média e que a civilização pós-Renascimento está ruindo e com ela o fim de todas as certezas, numa previsão de momentos sombrios e de obscurantismo pela frente e pelos lados. Esta miséria, concordamos, é visível e latente, mas ela foi criada ideologicamente pelo homem que se alimenta da miséria, da ignorância, da pobreza, da violência e do cinismo, especialmente cinismo das elites dirigentes. O verdadeiro Maçom, o Maçom reformado, é aquele que, mesmo sentindo esta miséria moral e ética, tanto das elites quanto do povo, torna-se capaz de se rebelar diante dos acintes e dos disfarces das autoridades e, pelo trabalho, comunicação, Iniciação e conhecimento, pratica O DESAFIO DAS MUDANÇAS.

Não vamos viver num cenário de nostalgia dos séculos passados; da história passada; de nossos heróis. Ah! Como é triste uma sociedade necessitar de heróis; que necessita cultuá-los. O herói é o Maçom que acredita em si mesmo, no seu potencial e na sua Potência. O Maçom reformado é aquele que pertence a uma geração que acredita em seus valores, na revolução do conhecimento e do entendimento, nas instituições, no progresso e no desenvolvimento, enfim, na sustentação material e cognitiva para que seja passageiro de uma nova idade nesta Terra de todos. Com sua vocação e vontade, o Maçom torna-se o comandante do veículo veloz que parte para implantar e implementar a civilização do bem-estar, integrando-se à volta da humanidade e com ela formando um Estado Uniderma, não somente mantenedor, mas, e principalmente, o Estado-provedor. Desaparecem, na provação, as incertezas e somem aos nossos pés os alicerces da desesperança e aparecem os sentidos e os sentimentos de vida, tudo se balizado pelo trabalho, comunicação, Iniciação e conhecimento.

Sim, é doce o gosto da realidade se considerada a dimensão de que nada é simples ou fácil em nosso tempo, como não foi simples e fácil no passado. As relações entre as pessoas, as relações entre as instituições, entre as nações, tudo se torna cada vez mais complicado, difícil, instável e não confiável, pela própria complexidade com que a vida, progressivamente, vai assumindo. Se o progresso do século XXI está vomitando seu produto temperado com incertezas, egoísmos, pulverização dos valores, a sensação permanente de que não há justificativa para nada e esforço algum, devemos parar e inferir que estamos voltando à barbárie, à selvageria, à desesperança. Podemos ter um novo alvorecer? Sim, podemos desde que nutridos pelo trabalho, comunicação, Iniciação e conhecimento. É só querer. É ser Maçom reformado. Esta a MICROFÍSICA DA REFORMA, embebida pelo O DESAFIO DAS MUDANÇAS.

METAFÍSICA DA REFORMA

Nosso último capítulo versou sobre a MICROFÍSICA DA REFORMA Maçônica, assunto que temos insistido nos pronunciamentos e escritos nos dois últimos anos. Mas seria prudente fixar-nos, unicamente, no aspecto formal da reforma e na microfísica? Não. Devemos ter a suprema preocupação de tratar sobre a metafísica da própria reforma e, falando neste assunto, não poderíamos deixar de iniciar falando do espírito.

Vamos, primeiramente, ao entendimento do que seja espírito. Para entendermos o que seja espírito precisamos fazer alguns ensaios, verificar algumas teses, definições e constatações. Uma delas é chamada de clássica e nos informa, além de trazer uma certa dose da doutrina cristã, que espírito é um princípio substancial e ao mesmo tempo, com o corpo, criador, este totalmente mecânico, ou seja, material. Enquanto o primeiro nos leva à imortalidade, o segundo é mortal, entra em decomposição e recria ou se transforma, dentro do princípio científico de que na natureza nada se cria e nada se perde, tudo se transforma. O espírito é então parte imortal, cognitiva, inteligente, mental, adjetiva, não visível e nem palpável, sentimental e capa de transcendência. Convive um determinado tempo com a outra parte, a mortal, opaca, pesada, visível, palpável, com odor e forma delineada, conforme a raça. A morte separa uma da outra, com destinos diferentes. Enquanto o espírito navega entre as galáxias, rumo ao além, à eternidade, o mundo não visível, unicamente imaginário, com consistência real aceita pela fé, e o corpo para o aquém, o pó-cósmico, a transformação, a justaposição e a aglutinação. Essa visão – corpo e alma – é dualista e não responde pela experiência de unidade em que vivemos.

Somos um todo complexo e não a soma das partes.

A concepção tida e havida como moderna nos doutrina: o espírito não é uma substância, mas o modo de ser do ontológico, ou seja, do ser enquanto ser que conserva e preserva uma ou a sua própria essência que é a liberdade. Mas, por que a liberdade? Porque somente seres com liberdade ou em liberdade é que conseguem viver, porque é a vida que plasma a própria vida e, conseqüentemente, o mundo. Mas o espírito não é exclusivo do ser humano? Agora estamos comprando uma briga muito grande. Particularmente, singularmente, afirmamos que não. Por que não? Simplesmente porque não podemos desconectar o espírito do quadro cosmológico. É a expressão mais lata da vida que, por sua vez, é sustentada pela universidade do entendimento e do conhecimento.

Mas até agora não respondemos a metafísica maçônica do espírito. Muito bem, vamos a ela. A concepção metafísica que a Maçonaria faz do espírito é usá-lo como processo didático, intitulando-o como contemporâneo, que nada mais é do que o fruto, o produto, a resultante de uma nova cosmologia. Vamos decodificar esta afirmação. O espírito tem a mesma ancestralidade que o universo. Antes de estar em nós, está no cosmos. Espírito, segundo a visão maçônica, é a capacidade de inter-relação que todas as coisas guardam entre si. Forma teias relacionais cada vez mais complexas, gerando unidades cada vez mais altas e de maior intensidade. Quando os dois princípios *topquerts* começaram a se relacionar e a formar um campo relacional, lá está nascendo o espírito, porque é relativo, pan-relacional e auto-organizativo. Em certo grau, todos os seres vivos, orgânicos, participam do espírito. A diferença entre o espírito da montanha e o do ser humano não é de princípio, mas de grau, ou seja, repetimos, de intensidade. O princípio funciona em ambos, mas de forma diferente, singular, específica. Esta forma diferente, singular e específica, é muito tênue. É a mesma coisa da diferença entre um homem branco, um negro e um amarelo. Todos são homens, todos humanos; simplesmente o que os diferencia é a cor. Cor de quê? Do espírito? Da cognição? Não, simplesmente, cor da pele.

Agora, Irmãos e não-Maçons, pensem, repensem e, se for necessário, tripensem. A singularidade do espírito humano é ser reflexivo e autoconsciente. Pelo espírito, nós Maçons nos sentimos inseridos no todo a partir de uma parte que é o corpo animado e, por isso, portador da mente. No nível reflexivo, o espírito significa subjetividade que se abre ao outro, se comunica e assim se autotranscende, gessando uma comunhão aberta até com a suprema alteridade. Definindo vida consciente abdicamos ao todo livre criativo, marcado pela amorosidade e o cuidado: eis o que é corretamente o espírito humano, sob a visão maçônica.

Se o espírito é, seu oposto não é matéria e corpo, mas morte e ausência de relação. Pertence também ao espírito a vontade de encapsulamento e recusa de comunicação com o outro, mas nunca o consegue totalmente porque a vida não rouba a liberdade. Rouba-se a liberdade, rouba-se a igualdade, e se nos roubam a liberdade e a igualdade, perdemos, forçosamente, a fraternidade. Isto é, perdemos todos o nosso viver. É como perder a luz dos olhos e nada mais ter a viver e, forçosamente, conviver. Por tudo isto a Maçonaria é Escola que permanece conectada. Conectada em quê? No poder. O poder não é o poder singular, efêmero, que precipitadamente estamos pensando. O poder é o que iremos desenvolver no capítulo sobre MACROFÍSICA DA REFORMA.

Esta complexa forma consciente de reflexão é o elo que a Maçonaria não admite que as coisas se articulam entre si, mas sim que as coisas se fecundam entre si. Por quê? Tudo está em evolução, mesmo que em recesso completíssimo dependente do meio e do ambiente, que percorrem etapas pelas quais o espírito emerge, cada vez, sob formas diferentes, inconscientes numas e conscientes noutras.

Nessa concepção maçônica, espiritualidade é toda a atividade que favorece a relação, a vida, a comunhão, a subjetividade e a transcendência rumo aos horizontes cada vez mais abertos. No termo, espiritualidade não é pensar em Deus como o elo que perpassa todos os seres, interconectando-os e constituindo-os no cosmos.

O Maçom é um eterno investigador faminto em busca da verdade.

Outro elemento da METAFÍSICA DA REFORMA é a verdade. Mas para falar sobre a verdade necessitamos decodificar um ponto que pertence à MICROFÍSICA DA REFORMA, que é o amor. Mas por quê? Simplesmente, porque amor é jogo de autoridade e inclui a verdade, a produção e o conhecimento. Vejamos.

Na verdade, o amor é uma composição de diferentes elementos, como: auto-estima, amizade, intimidade, enamoramento, fidelidade, dom de si. Desde a filosofia grega, o amor foi refletido em graus e tonalidades diferentes. O *amor-concupiscência*, também chamado e conhecido como aquele que permeia, é o amor carnal, interesseiro, voraz, até instintivo, como por exemplo, a criança que mama; o *amor-dependência*, do francês phatê, comporta ciúmes, submissão, controle do outro; ainda o *amor-éros*, que se caracteriza pela atração, libido, impulso, desejo, calor humano. O *amor-jogo*, conhecido como ludus, é aquele que vale tudo, a falta de pudor, a liberdade sem limites, ou seja, a orgia. O *amor-posse*, que o latinista chama de mania, é a dominação, o apego, a manipulação, e a obsessão pela pessoa amada. O *amor-espelho*, aquele que reflete o pragma, representa as pessoas que procuram alguém que faz o seu tipo, o mesmo status, alguém igual a si mesmo, o seu espelho. O *amor-ternura*, do inglês storge, é o caminho, respeito, valorização, acolhimento, admiração pelo outro. O *amor-amizade*, do latim filia, é o altruísmo, a partilha, dedicação, benevolência. O *amor-paixão*, do grego káris, é a sensibilidade pelo outro, a misericórdia, a reconciliação, o bem querer, a bondade, a salvação do outro. Na escala grega, por fim, vem o *amor-ágape*, que é a maturidade do amor, como desejar o que o outro deseja, estar a serviço do outro sem esperar vantagens, capacidade de morrer pelo amado(a). A moral católica ensina também uma ordem de amor. Assim, o amor conjugal tem primazia em relação ao amor pelos filhos. Já o amor pelos filhos tem prioridade ao amor pelos pais. Eis então a hierarquia do amor; amor conjugal, amor pelos filhos, amor pelos pais, amor pelos irmãos, amor pelos parentes, amor pelos amigos. O que importa mesmo é que o amor não tem limites. Jesus ensinou e praticou o amor aos inimigos, aos pecadores, aos pobres. Em Jesus, amor e verdade se abraçam; amor e justiça são inseparáveis.

Mas, qual é o amor maçônico? O amor maçônico é todos eles. É principalmente:

A medida do amor é amar sem medidas.

Neste capítulo sobre METAFÍSICA DA REFORMA falamos do entendimento espiritual maçônico que deságua no AMOR, onde tudo está contido e nos remete à felicidade que procuramos.

O DESAFIO DAS MUDANÇAS, neste encontro que plasma uma Maçonaria que necessita ser, urgentemente, reformada, é voltar para a construção, para o entendimento, de toda a mensagem deprecada, delineada e mostrada na Iniciação, qual seja tirar o homem da lama e fazê-lo feliz, um dos maiores, senão o maior, anseio do ser. Tirá-lo da segregação de ver a felicidade envolta nos outros, mas não em si. Esta visão traz a gênesis da derrota, do naufrágio e do desespero, trilogia incompatível com o ensinamento da fantástica ESCOLA DO CONHECIMENTO. Sim, a Iniciação é o acender de todos os impulsos para a vida e momento em que o homem adquire todas as esperanças de ser feliz, de poder partilhar com os demais os grandes momentos de esperança. Na Iniciação ele sente que a vida deve ser conquistada e não se deixar conquistar. O único momento em que o verdadeiro Maçom é conquistado é quando perante ele comparecem, sobranceiros, o conhecimento e o amor. A Iniciação, complementada pela Elevação e Exaltação, mostra que não há quadro tétrico terreno que possa abalá-lo, porque é forte e destemido. O verdadeiro Maçom não vive na esperança de conquistar a felicidade, mas sim ele a absorve e vive dentro dela. Concordamos que existem pessoas felizes em todas as sociedades, nações, instituições, raças, línguas, ricos, pobres, letrados e analfabetos, mas não há tantos como na Sublime Ordem onde o Iniciado aprende a máxima:

A felicidade é fruto não tanto do TER, mas, principalmente, do SER.

O DESAFIO DAS MUDANÇAS na contemplação METAFÍSICA DA REFORMA é a Aliança Maçônica voltada ao ensino do caminho da felicidade, mensagem perdida a partir do terceiro quartel do século XIX e dormente até os dias atuais, embora o seu conteúdo pedagógico, conforme posicionado no parágrafo anterior, mantém, com muita luz, este ensinamento. Este ensinamento, esta lição que se transforma, como passe de mágica, em conhecimento, propõe outra máxima:

Saia de si e vá ao encontro do outro, teu Irmão.

O DESAFIO DAS MUDANÇAS é fazer o Maçom não se fechar em si mesmo e rechaçar qualquer tipo de egoísmo e ignorância, dualidade que interrompe o caminho à felicidade, uma vez que o egoísta, o ignorante, se delicia, elogia, joga em si confetes e serpentinas, glorificando e enaltecendo o seu próprio *eu* e no seu próprio *meu*. O *eu* e o *meu* são engolidos, tragados pelos bens materiais que podem ser amealhados, possuídos, e corrompidos pela morte. O Maçom é partícipe solidário com os outros Irmãos, embora isto não signifique que lhe dê o pão, mas sim que lhe ensine a plantar o trigo. Solidariedade e harmonia são incompatíveis com o dó, proteção total, pois o Maçom é adestrado para vencer as vicissitudes da vida e ter os ombros tão fortes que possam carregar os que fraquejam nas asperezas das estradas. A Maçonaria reformada metafisicamente deve ensinar que não devemos dar esmolas, mas sim tornar o semelhante em obreiro que possa bastar-se a si e sua família. Paradoxalmente, quem pensa no acúmulo financeiro e não o relaciona com o conforto e a paz, conjunto de harmonia interior e felicidade, nada mais é do que um estúpido e ignorante, ou seja, um patológico total, integral e pleno.

Mas é verdadeira esta afirmação tão contundente e direta? Temos a certeza que sim. A psicopatologia nos mostra, os exemplos e as experiências confirmam, as dissertações, teses e pesquisas orientam que, fechar-se em si, é a mesma coisa do que se escravizar; tolher sua própria felicidade; não se realimentar cognitiva e espiritualmente, afirmação que nos leva à outra máxima: o que liberta é o autodescobrimento, a autoformação, o auto-estímulo e a autoidentificação do próximo, isto é, do Irmão.

A pedagogia maçônica nos ensina que o Irmão deve merecer toda a nossa atenção, todo respeito, solidariedade, auxílio no que for para ele PODER, procurando mobilizá-lo e estratificá-lo dentro da sociedade considerada. Evidentemente, em todas as Sessões Maçônicas, corre o tronco ou saco de beneficência ou solidariedade, em que cada Obreiro destina uma quantia que lhe pareça justa e que não lhe faça falta. Este recolhimento era destinado às viúvas, órfãos e inválidos numa época em que a mulher não fazia parte do mercado de trabalho, exercendo, unicamente, as funções do lar e de reprodução; em que as sociedades não dispunham de previdência e assistência. Atualmente, muitas Lojas destinam o tronco à mesma finalidade e ampliam sua ação de beneficência na área da educação, saúde e atendimento, o que é de todo louvável e meritório, uma vez que se deve analisar o momento e a conjuntura comunitária. Mas para que então o tronco em todas as Sessões? É para que a Loja saia da materialidade e mergulhe na espiritualidade; para que os Obreiros não dêem recursos para outrem, mas que a Loja destine o conjunto a uma obra benevolente assistida.

A vocação dos Maçons é descobrir e investigar quem é o próximo, o necessitado que merece ser assistido. Ele não espera encontrar um ferido à beira da estrada, mas antecipa-se para que não se fira. Ele não necessita sair à procura de um próximo, pois ele o encontra na sua família, entre os Irmãos e na comunidade. Este encontro mantém unida a família, a irmandade e a sociedade como um todo. Vejamos outra máxima: o mundo é maior que a família, a irmandade e a sociedade, mas o amor familiar, da irmandade e da sociedade é maior que o mundo.

É O DESAFIO DAS MUDANÇAS, da Maçonaria metafisicamente reformada, mas é sobretudo o caminho da felicidade que está ao teu alcance, IRMÃO!

MACROFÍSICA DA REFORMA

A MACROFÍSICA DA REFORMA está, em primeiro lugar, centrada no homem Maçom, e se envolve nos cenários sociais globais de forma macro: economia, política, cultura, dentro desta a religião, principalmente quanto ao entendimento e ensino e, por último, a motivação, não só do Oriente em que está localizada a Loja, do Estado jurisdicionado pela Potência e do estado ecológico da Terra, em cujo envolvimento ele – o Maçom – é induzido a ficar de pé, vencendo os obstáculos, superando as fraquezas, feliz, não admitindo qualquer decepção ou desespero. Este homem, verdadeiro Maçom, difere do cidadão comum, e se orienta pela verdade, pela justiça e atua, dia após dia, do meio-dia à meia-noite, para vencer a ignorância, mediocridade, arrogância e a mentira. Este homem, faminto escudeiro à procura da justiça e da perfeição, monitora a corrupção, a imbecilidade coletiva e se transforma em ator para atuar no espetáculo das idéias, das ações e das práticas construtivas. A Maçonaria macrofisicamente reformada nos ensina que o que conta e significa ao mesmo tempo é a vida e não o espetáculo; que a celebridade é conquistada e não comprada ou vendida; que o mundo bom, é o dos justos, dos comprometidos com a causa, e não dos espertos e arrivistas; que a passagem é uma páscoa que deve ser sublimada e não amargurada.

Para que o homem possa viver no cenário de bondade e altivez, deve envolver-se com a Maçonaria, conhecê-la e cultuá-la como paradigma de vida, pois no seu esplendor não existe e nem persiste qualquer mensagem ou Símbolo negativo. Tudo é positividade e é o macrocenário em que o Maçom torna-se um gigante e como tal vive em comunhão com sua irmandade. Mas esta irmandade não é constituída de pessoas dolentes, apáticas e dormentes. Ela é constituída por homens de responsabilidade que se interessam, integram e se inteiram do mundo não maçônico e dele participam com amor e confiança. Não são mimados e covardes, mas sim corajosos e destemidos. Para o Maçom que participa da reforma, o mundo não é comandado por minorias, mas por preciosidades que chamamos de Obreiros da Arte Real. Estes Obreiros é que devolvem para o mundo toda a confiança de progresso, desenvolvimento, paz e justiça.

Maçonaria Macrofísica é intervencionista.

Mas quem são estes Obreiros da Arte Real? Poderíamos dizer simplesmente que são os Maçons, aqueles que um dia foram Iniciados. Mas não é tão fácil assim. Não basta ter sido Iniciado; não basta ter assistido a ascensão do Filho de Deus. É necessário ter sentido no fundo da alma o que é uma Iniciação. É ter compreendido o alcance da Iniciação. É ter chorado na Iniciação. Estes que sentiram, compreenderam e choraram é que são os Obreiros da Arte Real e que são, a todo o momento, encontrados em nossas voltas e em nossos contornos. São Obreiros honestos, trabalhadores, íntegros, responsáveis por si, pela família e pela sociedade; sempre dispostos a ajudar os outros e que mostram, em tudo que fazem e participam, graus elevados de honradez e dignidade. Logo os reconhecemos: são acolhedores, têm olhar limpo, semblante risonho e são como se tivessem a bondade escrita na testa. São Maçons reformados em quem podemos confiar. Encontramo-los entre os simples, como também nos estratos mais sofisticados da Aliança Maçônica, os quais mantêm, contudo, suas humildades essenciais imunes aos simulacros da sociedade de representação.

Estes Obreiros da Arte Real são antes de tudo imolados por estados de alma do que por classes sociais, uma qualidade de coração, que vai além do plano econômico, político e cultural para se fixar no trabalho fecundo e produtivo, porquanto entendem que as coisas têm de ser assim mesmo e devem funcionar independentes do sacrifício que as comporta. É o trabalhador, independente de categoria, comprometido com a comunidade e que não se incomoda em perder algum dinheiro, para estar presente em alguma atividade importante.

Obreiros da Arte Real não necessitam de religiões, rezas, crendices, alardes, mas desbastam a pedra bruta sem fazer alarde, discretamente vão construindo seus templos interiores e confiam em si e nos demais Irmãos; são os que vão à frente, sozinhos e conquistam, pois entendem muito bem o ofício.

O valor de um povo se mede pela quantidade de Obreiros da Arte Real que são capazes de Iniciar.

A verdadeira Maçonaria funciona só e dependente dos Obreiros da Arte Real, a despeito da sociedade não-maçônica, a qual é identificada de profana, ninho de corrupção e patologias de toda a ordem. Voltamos à segunda posição: o valor de uma sociedade não se mede por sua ordenação social, mas pelas virtudes dos cidadãos que nela vivem. Estes cidadãos, na sua maioria absoluta, são os Maçons que vivem de suas endógenas virtudes.

Em segundo lugar, a MACROFÍSICA DA REFORMA deve estar voltada para a sede do conhecimento e preocupada com o ateísmo. A mística maçônica reporta-se, seqüentemente, de um desejo do Grande Arquiteto do Universo, que desperta sede, lembranças, alegrias, como também saudades da fome de saber e conhecer nos homens. Naturalmente esta metáfora está ligada ao ensinamento cristão que respingou na Sublime Ordem, mas ele não é desprezível, antes, ao contrário, nos traz uma orientação exemplar e profunda, porquanto vivemos procurando um rosto onde podemos nos espelhar para nascer e mesmo renascer. Esta procura, esta metamorfose pode virar tragédia, que consiste em deixar o espelho da fonte de água pura e saciar-se em cisternas poluídas. Esta prática somente irá aumentar a sede.

O Maçom reformado é aquele que ama.

Quem ele ama? Como ele é livre para escolher, ama o

Deus de sua religião, o próximo e a si mesmo. Ele tem autoconhecimento, determinação, iniciativa do amor que sabe ser incondicional, gratuito e imensurável.

Quando não aceitamos ser amados, resistimos à proposta de fraternidade, deixamos de comparecer à Loja e acabamos prejudicando a nós mesmos. E aí começa a regressão com a criação de deuses, ídolos, ilusões, sedativos, pior, a caída no vazio e tudo vai perdendo o sentido e advém o afogamento.

O Maçom reformado não se afoga nos divertimentos, nas permissividades, nas seduções das paixões que acabam em ilusões e novas escravidões, mas ele luta e converte os divertimentos em lazer, as permissividades em recreação, as seduções das paixões em amor por oráculos palpáveis e concretos. Nele tudo sacia e assim renascem as venturas e aparece a paz. Ele compreende que a carne é simplesmente um grão de areia na vastidão do mundo para saciar a fome do amor.

Enquanto isto, aqueles que não sentiram a Iniciação, não conseguiram ver a grandiosidade da Aliança Maçônica, estão se afogando no trabalho não florescente, no ativismo, no cálculo materialista, na corrida louca atrás do nada, para acalmar a sede e fome devoradora do seu deus, por não suportarem o silêncio da fala. Deste ativismo advém, irreversivelmente, o estresse, a depressão e culmina no infarto, isto porque o ativismo não passa de um ídolo. Não temos tempo para nós mesmos, nem para a família, para o próximo, muito menos para o amor e nos remetemos para a fuga de nós mesmos atrás de um cálice de álcool, das drogas, etc., tudo porque a vocação do Maçom não reformado é ser ébrio *do* e *de* espírito.

O Maçom não pode ser um ateu estúpido, isto não

quer dizer que ele necessita pertencer a uma igreja específica, a uma religião singular, mas deve acreditar na transcendentalidade da criação e no amor. Não necessita derramar lágrimas em penitências para ser salvo, pois quem encontrou o amor, reencontrou a vida, a realização e a felicidade.

A concepção do Deus cristão, islâmico, budista, bramanista, etc., assim como é colocado, isto é, de um Deus que castiga com o fogo de inferno, manda pragas, inundações, enfim, catástrofes, deriva de uma cognição totalmente errada. A concepção válida para os homens livres é a do Grande Arquiteto do Universo, isto é, o Deus de cada um, em essência e existência, bom, orientador, professor, consolador, propulsor, progressista e revestido, mergulhado em amor. O Maçom não vai a sua igreja se rebaixar e afirmar que é pecador, miserável, que merece o castigo, mas vai, sim, comungar da mesma essência e afirmar que, se pecou, foi decorrente dos desvios de uma sociedade patológica. Qualquer submissão é incompatível com a Maçonaria que prega o auto-respeito dos seres humanos. O Maçom conhece, pois lhe foi ensinado através do Rito, das metáforas, da lógica, da matemática, da filosofia, da geometria, conjunto que leva a entender a existência, não necessitando do despotismo do Oriente e Ocidente.

Vejam, sintam a pujança e grandiosidade da Maçonaria reformada que deseja trazer para o epicentro do ensino público, o debate de ensinar em sala de aula, não o pensamento de uma igreja singular, mas sim mostrar o conteúdo pedagógico, teológico e filosófico de todas as religiões. Observem que falamos em debater e não impor, uma vez que cada sociedade ou comunidade tem, em si e para si, a autodeterminação.

Temos, nos nossos escritos e mesmo neste livro,

insistido que Maçonaria nunca foi religião, não é religião, não quer ser religião e nunca será religião, pois se for religião não é Maçonaria, contudo não faltam dentro dela homens que querem porque querem travesti-la de religião e se consideram novos pensadores, cientistas e reformadores que avocam, principalmente, os filósofos não iluministas franceses do século XVIII, para fundamentar suas loucas paixões e, para cristalizá-las, as colocam nos Rituais.

Mas, por que a Maçonaria não é religião? Simplesmente, porque ela foi concebida, originariamente, nas construções das grandes catedrais católicas, mas voltada, unicamente, para os aspectos terrenos, não se imiscuindo nas correntes filosóficas que centravam seus estudos nos fenômenos divinos, como o ateísmo, o ceticismo e o agnosticismo, este último que tem como doutrina a impossibilidade de provar racionalmente a existência ou inexistência de Deus. Isto não enseja dizer que os Maçons não se debruçam sob os aspectos referentes à vida e às idéias, razões pelas quais são chamados de livres-pensadores, filósofos, escritores e mesmo cientistas que se dividem em grupos de descrentes na ação de Deus e aqueles crentes na ação de Deus. Lembramos, somente, para dar uma pequena ênfase, que outrora a descrença era banida com rígidas penas, anos de enclausuramento e até a morte para quem ousasse colocar em dúvida a existência de Deus.

O que realmente a REFORMA MAÇÔNICA, no seu aspecto macrofísico, deseja neste O DESAFIO DAS MUDANÇAS, é que a Maçonaria não perca sua direção e que motive seus Obreiros ao estudo das coisas transcendentais, mesmo que não sejam religiosos. Lamentavelmente, muitas famílias que freqüentam as igrejas o fazem mais como um passatempo, lazer imposto pela vida moderna. Vamos então transformar este passatempo e fomentar o debate sobre os dilemas éticos e morais que atingem os nossos dias.

Estamos falando muito na dicotomia Maçonaria versus religião, e não estamos entrando na educação religiosa. Pois bem! A educação religiosa somente floresce e desenvolve desde que seja atualizada para o momento e a conjuntura do ciclo histórico da humanidade, ou seja, devemos estudá-la sob a ótica do terceiro milênio, o que infere dizer que a avaliação dos pressupostos religiosos deve ser feita pelos próprios agentes e não ser imposta como dogmas, coisa acabada e final. É entender as diferentes variações dentro de cada religião e, finalmente, refletir sobre a importância desses credos em suas vidas; que os agentes conheçam vários tipos de credos para poderem realizar uma avaliação crítica de suas próprias crenças.

Na grande ESCOLA DO CONHECIMENTO que é a Maçonaria, o ateísmo já é amplamente discutido, o que deveria ser estendido aos currículos escolares de todos os estabelecimentos do ensino público. Como toda mudança é reflexo da sociedade considerada, a proposta reformadora propõe que a questão que deve ser levantada é como a religião está sendo ensinada e quanto tempo está sendo dedicado ao ateísmo, caso contrário este ensino recai única e exclusivamente sobre o cristianismo, o qual devemos respeitar, mas também ampliar, mostrar e considerar outras visões do mundo, pois é totalmente apropriado que a educação religiosa reconheça que algumas pessoas não acreditem no Deus Cristão.

Vejam, os leitores, novamente o alcance do pensamento maçônico, que afirma que o ateísmo não é religião, razão por que não aceita transformar a educação religiosa em educação espiritual. O que se deseja é que as lições deveriam se concentrar nos ensinamentos cristãos e em outras religiões, mas não em crenças seculares, porquanto esta prática é uma traição ao conhecimento do homem.

Mais, a Maçonaria não aceita o Estado religioso, mas sim prega, impõe mesmo, que o Estado seja laico, onde religião e política, ou seja, igreja e governo, vivam harmonicamente, mas totalmente separados. Vejamos três máximas que contemplam esta verdade:

1. A junção entre Igreja e Estado leva, invariavelmente, à beatitude;
2. Religiões que condenam os prazeres dos sentidos levam os homens a buscar os prazeres do poder; e,
3. Através da história, o poder foi e é o vício dos ascéticos.

Outro ponto fundamental na Maçonaria, quando analisamos a REFORMA sob o aspecto MACROFÍSICO, é o da *INTERVENÇÃO*. Intervenção *de* e *em* que? Vamos por partes, decodificando? Qual é o objetivo da Maçonaria quanto aos seus Obreiros, aos Maçons? É prepará-los e aperfeiçoá-los. *Aperfeiçoar e preparar o homem*. Aperfeiçoar e preparar para que? Para ser um monge, subir as montanhas e ficar horas, dias e anos em profundas lucubrações sobre a vida. Não, mil vezes não. Este é um propósito para certos tipos de seitas, ou mesmo algumas religiões. Para ficar horas, dias e anos em profundas abstrações sobre o absoluto? Não, mil vezes não. Este é o propósito de grupos que se dedicam ao estudo da metafísica. Para se dispor a ficar horas, dias e anos discutindo o ser enquanto ser? Não, mil vezes não. Este é o propósito dos filósofos. E assim as perguntas poderiam passar e perpassar sobre todas as áreas do conhecimento. O que a Maçonaria realmente quer, deseja e aspira para seus *socius* – os Obreiros – é prepará-los para o exercício *MACROFÍSICO DA INTERVENÇÃO*, no mundo exógeno – econômico-financeiro, político e ideológico e o cultural, em todos os matizes e com todas as inflexões.

Não é a Maçonaria que vai colocar sua face nas ruas, carregando seus Estandartes, Bandeiras, Aventais, enfim, todas as Jóias e Paramentos, mas é o Maçom, devidamente preparado e orientado que fará, com sua eloqüente, conseqüente, competente, destemida e forte participação, a intervenção.

Como, a partir do terceiro quartel do século XIX, a Maçonaria perdeu sua identidade interventora, coligandose ao Estado não-maçônico, chamado de profano, urge neste início do século XXI – cento e trinta anos perdidos –, voltar ao seu posto mobilizado e estratificado.

Nestes cento e trinta anos a economia de mercado sucumbiu, a perda da liberdade aflorou com as estâncias ditatoriais, guerras mundiais e revoluções setoriais eclodiram, enfim o *MOB* econômico, político e cultural, mostrou e continua a mostrar sua cara. Necessário, urgentíssimo, é que a MAÇONARIA MACROFISICAMENTE REFORMADA, reconquiste o seu poder de intervenção.

A MAÇONARIA MACROFISICAMENTE REFORMADA tem o supremo compromisso com o progresso e o desenvolvimento dos povos. Esta afirmação traduzida em meta da Aliança Maçônica, não pode reduzir a complexidade do pensamento maçônico a uma fórmula, enquanto o cenário da ação METANÓIA for os meandros e as inteirações entre as duas esferas: maçônica e social, esta última econômica, política e cultural.

Devemos ter presente que a economia e a política desempenham papel determinante nas sociedades e, como tal, urge reconhecer o intrincado das idas e vindas entre a estrutura econômica, política e a superestrutura das idéias e dos ideais. Neste ensaio, está a advertência da intervenção que deve funcionar como um contraponto importante no mecanismo maçônico, os quais querem colocar em evidência, para que seja capaz de subordinar todas as instâncias da vida social.

A valorização mecânica da ascese e da frugalidade estimulará a poupança, motor da economia e da política, desaguando na democracia.

Por outro lado, ao banir a intermediação mágica e eclesiástica entre o transcendente e o terreno, não estaremos isolando o homem no seu próprio trabalho; na sua posição ideológica, mas fazendo com que ele lute e conquiste seu espaço econômico-financeiro. Não podemos continuar esperando por milagre de Deus em atender nossas súplicas e na magia de governantes indefesos, despreparados e incompetentes em atender nossas necessidades.

Só o trabalho produtivo e a riqueza não dissipada, mas reinvestida, são sinais de predestinação de alcances materiais, que deságuam na legislação e, conseqüentemente, na justiça.

O DESAFIO DAS MUDANÇAS é fazer valer um surto de expansão maçônica que atue, em todas as sociedades, como simulacro das revoluções dos séculos XVII e XVIII, sendo capaz de gerar conseqüências análogas.

O complicador é envolver a Sublime Ordem no misticismo supersticioso, dados a rituais não-maçônicos, que vão à direção contrária ao espírito da REFORMA, que é, totalmente, racionalista. Outro complicador é a histeria por problemas esotéricos, espirituais, cabalistas e metafísicos que colocam a Maçonaria na superfície, a saber, na tendência contemporânea de fazer da vida um espetáculo performático, como já ocorre na política e na cultura.

A pregação e a prática, conjunto que forma a essência maçônica, ao combater os vícios e a ignorância, remete ao incentivo da disciplina ao trabalho e faz mover o moinho da vocação aquisitiva, da poupança, da acumulação, da liberdade, justiça e entendimentos dos povos com o advento da democracia, distribuição eqüitativa da justiça e acesso de todos os insumos e manifestações culturais, obedecida à singularidade de cada sociedade.

Os caminhos e as fórmulas para este encontro estão neste livro. É questão de querer.

Insistimos neste capítulo sobre o posicionamento metafísico e religioso, bem como o da Intervenção da MACROFÍSICA DA REFORMA, mas urge intercolocar estas observações com a vivência do Obreiro na Loja. Vamos então centrar algumas linhas na sua mobilização pela motivação.

Muitas Potências, Lojas e Triângulos Maçônicos usam a maior parte do tempo a apagar incêndios, prova que não estão realizando um bom trabalho de gestão, integração e comunicação. Com base nesta afirmação, nesta premissa que ocorre em quase todas as unidades da Sublime Ordem, existe um só remédio: concentrar todos os esforços na criação de estratégias motivacionais já referidas neste livro, mas que devem ser ampliadas para que passem a ser ações praticamente infalíveis. Mas como se conseguem estratégias motivacionais? São quatro os ingredientes básicos:

1. Fazer com que os Obreiros, isto é, a Loja toda, sintam-se atores e não espectadores da ação. No presente século XXI, ninguém mais quer ser galera, mas sim partícipe. Ninguém quer ser mais o outro, mas sim um dos;
2. Valorizar o Obreiro ou a Loja, não discriminando

ninguém, antes ao contrário, valorizando, respeitando, ouvindo, elogiando só quando for meritório e chamando a atenção, não a *mandus militari*, mas mostrando onde repousa o erro ou a omissão;

3. Motivar, motivar e motivar para que o Obreiro ou a Loja toda não fique em Sessões batendo o Malhete sem nada produzir de novo. Em todas as Sessões, uma ordem do dia bem produzida, não muito densa, deve ser elaborada.
4. Sessão que dura uma hora não motiva ninguém e esta máxima também é válida para Sessão com duração superior a duas horas.

Estas premissas, repetimos, nada mais são do que estratégias e modelos motivacionais simples e infalíveis. Sendo esta operacionalidade muito simples, mas fundamental, após sua implementação assistiremos, tenham a certeza, mudanças significativas. Caso contrário ocorrerão problemas de toda a ordem, como: insatisfação, desprestígio, desmotivação e o conseqüente afastamento com o pedido de quite-placet. Ainda, a formação de grupos que irão formar partidos políticos na busca do poder e a conseqüente divisibilidade e fragmentação da Loja.

Uma Loja onde existem grupos é Loja desmotivada.

Na Maçonaria, como em todas as organizações públicas ou privadas, há necessidade de gerenciar, quase que diariamente, o inesperado que é tão importante quanto o planejamento estratégico motivacional, mas neste caso as habilidades necessárias são bem diferentes. O Obreiro, a Loja ou a Potência não consegue combinar essas duas habilidades com êxito, o que os remete a uma política de gestão de baixa confiabilidade, aumentando o potencial de ocorrências de desastres e de conseqüências imprevisíveis. Citamos somente duas:

1. O afastamento dos princípios, fundamentos e da essência maçônica, transformando a Escola do Conhecimento num partido político, numa igreja, normalmente fundamentalista, ou num clube de serviço, isto é, desvio de conduta e função;
2. A formação de grupos, o que o Código Penal Brasileiro chama de quadrilha, que objetivam minar o curso normal do Obreiro, da Loja ou da Potência.

Contudo, devemos estar muito atentos do que é o inesperado. O bom estrategista, o exímio articulador, o excelente administrador, muitas vezes, para manter acesa a motivação, cria o inesperado como terapia para um mal maior e com isso consegue manter um rendimento motivacional excelente.

A Maçonaria, como é formada por homens de relativa formação intelectual, ou seja, um nível de escolaridade acima da craveira comum; de um bom entendimento cognitivo, prontos para fazerem abstrações inteligentes em forma de metáforas; de uma singular capacidade financeira, nos ensina que é preciso afiar as habilidades dos Obreiros e dos dirigentes das Lojas e das Potências com a maestria de improvisar e restabelecer-se quando resultados ou situações fogem do esperado. Estes resultados ou estas situações, igualmente, nos ensinam que devemos aprender a avaliar, permanentemente, o desempenho do Obreiro, da Loja e da Potência. Na verdade, os erros diminuem em freqüência e gravidade quando os Obreiros, as Lojas ou as Potências reconhecem suas fraquezas e discutem as falhas cometidas.

O Planejamento Estratégico Motivacional, que passaremos a chamar de PEM, tem uma mistura de agilidade, flexibilidade e adaptabilidade, que para os Maçons devem chamar atenção.Mesmo que as conseqüências das falhas numa organização maçônica não estejam ao nível do Obreiro pedir seu quite-placet ou a Loja entrar em adormecimento, as seguintes práticas irão, em muito, ajudar a permanência e a ação participativa:

1. **Procure por interdependências, até mesmo as menores**. As origens das catástrofes, das regressões, das fragmentações e divisibilidades estão inseridas no sistema motivacional que está encoberto pela ocorrência de uma ou mais indesejável combinação de eventos. Até trabalhos apresentados no nível de primeiro, segundo ou terceiro Grau, para a Elevação ou Exaltação, até pronunciamentos de análise econômico-financeira, político-partidária e cultural, podem apresentar furos desapercebidos. Algumas vezes esses furos estão do lado externo, outros internamente e, terceiros, externa e internamente, fazendo com que um pequeno problema atravesse os umbrais do Templo ao da sede da Potência e se transforme num grande problema. O que torna a situação difícil, quase que insustentável, é quando alguns furos e algumas barreiras estejam justapostos, isto é, estejam juntos. Se não estiverem, poderão desaparecer conforme circunstâncias. Se estiverem, demandam-se esforços para eliminar, urgentemente, os dois. Como fazer? É identificar o furo e procurar fechá-lo e diagnosticar a barreira e transpô-la. Não nos

esquecemos: quanto maior o furo, maior as dificuldades de fechá-lo, principalmente quando há pressão na válvula de escape e maior a dificuldade de transpor a barreira se no outro lado aparecer uma legião de militantes procurando empurrar a escada. Fechado o furo e transposta a barreira, toda a atenção é necessária para que algum vapor não escape entre o furo e que a escada seja retirada para impedir o retorno do problema. Dentro da Maçonaria, existem vários pequenos problemas, e o impacto de um desses dentro de toda a Sublime Ordem quase nunca recebe a devida atenção.

2. **Crie Planejamento Estratégico Motivacional – PEM, que ajude os Obreiros a reconhecer situações falíveis**. Quando a Maçonaria tem uma preocupação saudável com o erro, os Obreiros não ficam morrendo de medo de falar. Eles percebem que erros são inevitáveis e que todo o mundo é falível. Assim, tornam-se mais dispostos a falar e admitir um desacerto. Isto estimula a criação de um ambiente, nesta ESCOLA DE CONHECIMENTO, no qual é possível aprender e não apenas demonstrar competência. Ver, sentir e admitir os erros como algo esperado. A política do PEM é a de não admitir que os Obreiros, por cometerem erros, sejam admoestados pelos donos da verdade, mas sim, deixando-os livres para tentarem novas pesquisas e tomarem novas iniciativas. Outra política da Potência e da Loja de se comprometer com o PEM é formar um grupo de Mestres Maçons para orientar o Aprendiz ou Companheiro que não vá bem nas suas digressões para ajudar a criar um

ambiente em que a falta e o erro sejam vistos como oportunidade de melhorar. A criação de regras gerais dentro de uma Loja busca mais do que ajudar Obreiros a se sentirem psicologicamente bem para admitirem seus erros. As normas organizacionais, operacionais, ritualistas, litúrgicas e administrativas devem conter garantias de valorização do Maçom, para o aumento de salário.

3. **Tome cuidado com os julgamentos precipitados**. Muito de uma medida de emergência consiste em avaliar uma situação e chegar à indicação mental do tipo de problema a ser enfrentado. Avalie novamente a situação e a revise o quanto for necessário. A informação em que um Maçom baseia suas declarações nem sempre é clara, permitindo mais interferências e incertezas na Loja ou na Potência, diríamos mesmo, no sistema, o que torna a ESCOLA DE CONHECIMENTO bastante vulnerável a uma grande regressão. Avaliar o nível do PEM dos Obreiros, das Lojas e das Potências Maçônicas por meio de revisões pelo menos semestrais, é o exigível numa sociedade que se comunica em tempo real. Se o Obreiro ou o dirigente, nestes seminários de avaliações semestrais, acharem que irão encontrar apenas um motivo para os erros, estão totalmente enganados.

4. **Ceda a opiniões.** Nível de graduação, status, anos de Maçonaria não podem ser os únicos critérios para a liderança. Em épocas de crises e incertezas, os PEM's deixam as decisões com pessoas de maior reconhecimento e experiência em lidar de perto com o problema específico. Por exemplo, a

interpretação da forma, do conteúdo, da liturgia correta de um Ritual de Primeiro Grau. Quanto à forma, o especialista é um determinado Maçom que tem a preocupação pelo estilo; o conteúdo é a paixão daquele Irmão maçonólogo que foi buscar a gênesis do Rito lá nos porões escurecidos da Idade Média, ainda no tempo da Maçonaria Operativa; quanto à liturgia, o Irmão que tem o supremo orgulho de ser o melhor Mestre-de-Cerimônias que o Grande Arquiteto do Universo colocou sobre a Terra. Porque cada um está em contato com o seu próprio e específico *self*. Cada um faz a tradução não só pelas palavras, mas pelos sentimentos, pelas emoções e conhecem o esplendor do, incomparavelmente, belo.

5. **Ensine o dom da atenção**. A essência da atenção é a habilidade de transcender certa perspectiva ou contexto e focalizar-se no processo em vez de no resultado. Só tem atenção quem sabe meditar, pois é necessário, simplesmente, reparar e criar coisas novas. Quando o Maçom está perfeitamente sintonizado com o que acontece ao seu redor, sua atenção usa o poder da incerteza em vez de apenas tentar reduzi-lo. Quando o Obreiro não espera que algo seja sempre igual, que os eventos ocorram exatamente de acordo com seu plano e aceita o desafio, ele tende a ter menos medo de errar e se tem menos medo de errar, provavelmente seguirá cada vez menos regras e rotinas com rigidez, deixando-se ser guiado por elas e não governado. Mas pesquisas maçônicas destacam os comportamentos que estimulam a atenção coletiva, isto porque

uma Loja é formada por coletivos. Os PEM's nos mostram que devemos não apenas prestar atenção na ritualística maçônica, em suas atividades, mas fundamentalmente, interpretá-las, o que estimula a busca por falhas, resiste ao desejo de simplificar as interpretações. Um certo grau de ambivalência ou incerteza conduz as organizações maçônicas a diferentes pontos de vista sobre um determinado princípio, o que reforça a capacidade de improviso e ajuda a identificar novas idéias para resolver o problema. Esta verdade vai nos tornar mais atentos para continuar a tentar resolver os problemas que afetam o cotidiano impetuoso, não só maçônico, mas de toda a sociedade globalizada.

Lembrem-se

- Não basta escutar, é necessário ouvir.
- Não basta olhar, é necessário ver.
- Não basta o cheiro, é necessário o odor.
- Não basta ler, é necessário compreender.
- Não basta inventar, é necessário construir.
- Não basta conciliar, é necessário reformar.
- Não basta refugiar, é necessário desafiar.

a) Vamos implodir o Estado Tripartite e instituir o Estado Uniderma.
b) Vamos explodir com a ação cartesiana e implantar a Ação Metanóia.
c) Vamos dissolver a prática vertical e fomentar a Prática Ahedonista.
d) Vamos implantar e implementar a Reforma.
e) Tudo envolto na auréola dos Sonhos, Imagens e

Símbolos, impulsões de uma Maçonaria Vanguardeira.

Desafiar para mudar

BIBLIOGRAFIA

São idéias traduzidas muitas vezes em ideais do próprio autor. São vivências observacionais e cognitivas de quem analisa e interpreta Maçonaria. São abstrações epistemológicas de quem quer ver um novo renascer maçônico em todo o mundo.

Editora Maçônica
A TROLHA
Redação, Diagramação,
Composição, Revisão, Arte-Final.

Av. Maringá, 335 - Fone: (43) **3327-1982**
Fax: (43) **3348-0915**
CEP 86060-000 - Londrina - Paraná

Home Page: http://www.atrolha.com.br
E-Mail: redacao@atrolha.com.br